木兰花慢

李忠/主编

古吴轩出版社

图书在版编目（CIP）数据

木兰花慢 / 李忠主编 . — 苏州：古吴轩出版社，
2022.3
（原味姑苏）
ISBN 978-7-5546-1918-6

Ⅰ . ①木… Ⅱ . ①李… Ⅲ . ①城市文化—介绍—苏州
Ⅳ . ① K295. 33

中国版本图书馆 CIP 数据核字（2022）第041853号

统筹策划：中共苏州市姑苏区委宣传部
《原味姑苏》品牌工作室
副 主 编：徐　词
执行主编：江南颐
责任编辑：胡敏韬
特约编辑：张小梅
图片统筹：于　祥
版式设计：张　凡
责任校对：李　倩
封面图片：李　涵
封面治印：徐平平

书　　名：木兰花慢
主　　编：李　忠
出版发行：古吴轩出版社
地址：苏州市八达街118号苏州新闻大厦30F　　邮编：215123
电话：0512-65233679　　传真：0512-65220750
出 版 人：尹剑峰
印　　刷：苏州市墨利印刷有限公司
开　　本：787 × 1092　1/16
印　　张：6
字　　数：118千字
版　　次：2022年3月第1版　第1次印刷
书　　号：ISBN 978-7-5546-1918-6
定　　价：28.00元

01

13

37

55

目录

木兰花 汪徒 / 提供

应添一树女郎花：木兰堂遗事

文 / 孙中旺

木兰，又名望春花，因盛开于早春而得名。在中国文化中，木兰以其高洁之姿，颇受历代文人喜爱。早在先秦时期，屈原就在《离骚》中留下了“朝饮木兰之坠露兮，夕餐秋菊之落英”的名句。北朝民歌《木兰辞》中，那位代父从军的英勇女子也以木兰为名。在宋词中，相关的词牌就有《木兰花令》《木兰花慢》《减字木兰花》《偷声木兰花》等多种。

在苏州的地方文献中，和木兰相关的记载颇多，留下了不少风雅趣事和名篇佳作。关于木兰堂的典故尤其值得一说。

曾见霓裳舞

木兰堂是唐宋时期苏州郡署之后的一座厅堂，首见于白居易的记载。堂之得名，来自堂前遍植的木兰花。

宝历元年（825）五月，白居易赴任苏州刺史。他颇爱木兰花，曾赋诗多首，如《木兰》云：“妖娆轻盈态，与在楚宫词。紫房常自敛，日出折胭脂。”又如《戏题木兰花》云：“紫房日照胭脂拆，素艳风吹腻粉开。怪得独饶脂粉态，木兰曾作女郎来。”再如《题令狐家木兰花》云：“腻如玉指涂朱粉，光似金刀剪紫霞。从此时时春梦里，应添一树女郎花。”白居易如此喜爱木兰，歌咏再三，木兰堂又首见于其记载，故木兰堂之名疑为白居易所取。

作为著名的风雅郡守，白居易还曾在木兰堂里推广霓裳羽衣舞。白居易酷爱此舞，曾有诗云“千歌百舞不可数，就中最爱霓裳舞”，任杭州刺史时他就大力推行此舞；到苏州任刺史时，“问有霓裳舞者无？答云七县十万户，无人知有霓裳舞”。于是，他让好友元稹和苏州歌妓李娟、张态一起帮

左：白居易像 汪徒 / 提供 右：陆龟蒙像 杜祯彬 / 提供

着推广，热情高涨。北宋时期，范仲淹曾到木兰堂怀古，作诗云："堂上列歌钟，多惭不如古。却羡木兰花，曾见霓裳舞。"还特意在诗后加了注解："白乐天为苏州刺史，尝教此舞。"可见白居易在木兰堂推广霓裳羽衣舞之事的影响。

白居易担任苏州刺史虽然只有一年多时间，但政绩颇著，受到了苏州百姓的广泛爱戴。他对苏州也一直念念不忘，写了不少回忆苏州的诗词。很久以后，他的一位王姓友人赴任苏州，白居易因思念木兰堂前的木兰花，特意写下了这首诗：

一别苏州十八载，时光人事随年改。不论竹马尽成人，亦恐桑田半为海。莺入故宫含意思，花迎新使生光彩。为报江山风月知，至今白使君犹在。

元是此花身

唐末乾符年间，苏州刺史李绘因在王郢之乱中弃城逃跑而被免职。王郢之乱被平定后，湖州刺史张抟移任苏州。当时苏州被叛军抢劫焚烧，市邑废毁，可以说是百废待兴。

顾曾平 / 绘

张抟到任后重修了苏州城，恢复了地方秩序，并重新在木兰堂前大植木兰树。在木兰花盛开之时，张抟召集苏州的文人墨客前来木兰堂雅集，并即席赋诗唱和。

据《岚斋录》记载，当时名士陆龟蒙晚到，张抟接连命酒，陆龟蒙很快就喝高了。轮到他作诗时，他勉强拿起了笔，刚写下一句“洞庭波浪渺无津，日日征帆送远人”就颓然醉倒。张抟让在座的其他诗客续下去，均词不达意，无计可施。等到陆龟蒙酒醒后，拿起笔一挥而就：“几度木兰船上望，不知元是此花身。”成为一时绝唱，这就是陆龟蒙的名作《木兰堂》的由来。

陆龟蒙是张抟的好友，从张抟在湖州刺史任上起就跟随张，后隐居苏州城外的吴淞江之畔，悠游野泽，和皮日休相唱和，世称“皮陆”。陆龟蒙性情高洁，庸俗之辈即使登门拜访，他也不肯相见。他不喜欢骑马，对乘船却情有独钟。他经常在船上设篷席，携带书籍、茶灶、笔架、钓具等，往来于水上，自比涪翁、渔父、江上丈人。朝廷以高士召见，他也拒绝前往。当时人称江湖散人、天随子、甫里先生等，为著名隐士、文学家。

木兰酒飘香

北宋时期，木兰堂依然是苏州地方官员和名士们的雅集之地。北宋初年的诗人杨备曾参加过木兰堂雅集，并有诗云：“木兰枝密树仍高，堂下花光照节旄。列鼎重茵歌舞地，金章同色使君袍。”其盛况可见。

天禧三年（1019），江西新淦人孙冕以太中大夫、礼部侍郎、直史馆之衔知苏州。在任时曾在木兰堂传酿酒之法，酿出的美酒就命名为木兰堂酒。木兰花开之时，酒香正浓，别具一番风味。

孙冕在苏州“治狱不滥，断讼如神”，深得民众喜爱。有次他患上了痈疾，老百姓还专门立了生祠为他祈福。胥门附近的白头桥因白是居易所建而得名，孙冕在任时主持重修，时人为之改名为孙老桥，沿用至今。史料中关于孙冕的记载大多与民生有关，酒税在当时的税收中占有较大比重，故他改木兰堂为酿酒之场也在情理之中。

后来，年近古稀的孙冕深感体力不支，思乡之情愈浓，于是上书朝廷，请求致仕归乡。他在州署的厅壁上题诗自勉：“人生七十鬼为邻，已觉风光属别人。莫待朝廷差致仕，早谋泉石养闲身。去年河北曾逢李，今日淮西又见陈。寄语姑苏孙刺史，也须抖擞老精神。”还没有等到回复，他就安排妥政务，打点行装，与家人归隐九华山。

这首诗就是著名的《书苏州厅壁》，为历代致仕诗中的翘楚。朝廷得知后，“高其风，许再任”，但孙冕拒绝再出仕，就此终老山林。

孙老桥 于祥 / 摄

名堂叹不存

南宋建炎四年（1130），金兵南下攻入苏州，造成了极大破坏。据《吴郡志》记载，经过金兵的烧杀抢掠，苏州城内只有位于东南的觉报寺因为是金兵首领寓所没有被烧掉，其余吴下古名屋悉数被毁。木兰堂也未能幸免。时人龚明之在《中吴纪闻》中记载："（木兰）堂之前后皆植木兰，干极高大，兵火后不存。"

范成大在《吴郡志》中明确记载了木兰堂基在观德堂后，当时堂基上还古木森列。苏州郡守们多次打算重建，但都没有实现。金兵攻入苏州前，在木兰堂的新阁上还有治平二年（1065）郡守陈经所刻的御书飞白字碑，此时也已不存。绍定二年（1229），在木兰堂址开辟了校场，自此"不特堂之兴建莫考，其基址亦仿佛言之耳"，木兰堂和堂前高大的木兰树，以及相关的风雅往事，自此彻底走入了历史深处。

邓尉探梅 于祥 / 摄

望去茫茫香雪海

文 / 吴 迈

三百多年前，细雨霏霏的初春日，一位名叫宋荦的清廷官员兴致勃勃来到苏州城西登山赏梅。置身吾家山上，居高远眺，但见邓尉诸峰连绵，重峦叠嶂，如海荡漾的梅林弥漫数十里，宛若雪原。满目晶莹，暗香浮动，直教人痴醉。

宋荦脑海中灵光一闪，唤人取来笔墨，当即题下“香雪海”，并将此三字镌于吾家山崖壁。从此，这片梅海就有了一个生动的名字，邓尉的梅花也因这三个字走出了苏州。

一

邓尉探梅，一年一度，是吴中岁时风俗，每至花时，探访寻春者络绎不绝。明人姚希孟曾在《梅花杂咏》序中写道：“梅花之盛不得不推吴中，而必以光福诸山为最，若言其衍亘五六十里，窈无穷际。”可见那时已是“邓尉梅花甲天下”了。

“香雪海”三字，是锦上添花。

题字时，宋荦已年逾花甲，可能不是第一次去邓尉探梅。在中国古代，凡凭真功夫考功名入仕的官员都擅长诗文。时任江苏巡抚的宋荦是河南商丘人，诗画俱佳，才气斐然，颇得康熙皇帝的赏识。

康熙三次南巡到苏州，都是宋荦接的驾。乾隆帝六下江南，回回春游都要造访邓尉探梅。祖孙俩在光福总共写了十九首诗，其中十三首都是梅花诗，今已刻字成碑，陈列在香雪园中。诗碑旁建有梅花亭，乃香山匠人手作。《中国梅花名胜考》一书将苏州香雪海推为古代梅花名胜第一位，这两位皇帝功不可没。

乾隆爷最大的爱好就是写诗题字，想来如果没有宋荦的捷足先登，邓尉梅花可能会有另外一个乾隆御赐的芳名。当然，对于“香雪海”这样的好名字，想来乾隆也是心服口服的。

然而，看见“香雪海”三个字，少年时期的我最先想到的是一台电冰箱。它是二十世纪八九十年代苏州人家的骄傲，也是改革开放年代民族品牌在苏州人心目中最初的概念。苏州本土制造业曾经的一段辉煌，是以孔雀电视、香雪海冰箱、长城电扇和春花吸尘器这四个“花旦”作为支撑的。

左：宋荦像 杜祯彬 / 提供 右：宋荦所题“香雪海”三字镌于吾家山崖壁 于祥 / 摄

提到香雪海，人们最先想到的竟然不是城西邓尉连绵的梅海，而是一个能够制冷保鲜的家用电器，也算是一大时代特征了吧。

我第一次去光福好像是在初中。那时，学校组织春游，我们参观了司徒庙，因回来要写有关“清”“奇”“古”“怪”四棵树的命题作文，便细细观察了它们。至于周遭的梅花是否绽放，竟完全没有印象。后来也因为各种缘由到过光福，却未必是为了看梅花。直到有一年春天，想带女儿找个地方写生，才又想起了香雪海，方算得真正踏上了一次邓尉探梅之旅。

光福种梅的历史可追溯到秦末汉初，经两千年历久弥新。

香雪海梅花品种繁多，以千叶重瓣白梅为主，红梅、绿梅、紫梅、墨梅等应有尽有。香雪海还有其神奇之处：哪怕人再多，只要登高而望，就能美景尽收，而不会满眼的人头攒动。

你可以远观，体会宋荦“探梅冒雨兴还生”的诗情；也可以近玩，感受王冕《墨梅图》“朵朵花开淡墨痕”的画境。而置身梅海，游人难免想到明人归庄的诗句，不是“驿外断桥边，寂寞开无主”的孤芳，也非“疏影横斜水清浅，暗香浮动月黄昏”的清丽，而是那首《入邓尉山》：“四望梅花林，不辨香所起。夹道无断续，依山有层累。”

在浩瀚的梅林花海，只有铺天盖地席卷而来的梅的芬芳，只有满眼满心迷醉的欢喜。

二

苏州人爱梅，与爱桂花不同。

桂花家常，开在街角路旁、自家小院，盛开了便采下来做糖桂花吃，亲昵如邻家妹妹；而梅花开时更像贵客临门，有相见的惊喜，有拘谨的小心，有仰视的敬畏，折枝也是相当慎重的，或以赠远，或以清供，必定选了与之最相衬的人和物，唯恐不小心亵渎了去。

除了香雪海那样蔚然的梅林，苏州人以为与梅最谐恰的当属园林。

苏州园林是古代归隐的文人士大夫为自己精心建筑的心灵巢窠。托物言志，梅花无疑是他们彰显自己坚守高洁品格的最完美的象征物。

墙角数枝梅，凌寒独自开。遥知不是雪，为有暗香来。

王安石此诗最有名气，又朗朗上口，比梅妻鹤子的林逋来得更接地气，因此堪居咏梅诗榜首。

梅花有“朵朵花开淡墨痕”的画境 于祥 / 摄

左：狮子林的劈梅　右：怡园的锄月轩　于祥 / 摄

苏州园林里的梅花常常被植于墙角处、空窗后，与朱亭、飞檐相映成趣，又不失赏梅闻香的各种便利，不得不说，古人实在会玩。

怡园赏梅有个锄月轩，是极好的所在。轩名取自“自锄明月种梅花”，因旧时轩南遍植梅花数百株，又名“梅花厅”。农历新年前后，梅花吐蕊，报春消息，正是“腊后花期知渐近，寒梅已作东风信”。

园林赏梅，不得不提一下盆景梅花。盆景梅花中，最吸睛的当属劈梅，不可谓不惊艳。

劈梅是狮子林每年开春盆景梅展的一绝，常常比 “暗香疏影楼”“问梅阁”等处的景致更吸引游人前往。劈梅栽培难度极高，先要将果梅截去树冠，对劈为二，上接骨里红、玉蝶等观赏品种，成对上盆，经过几十年的精心培育，仅树皮存活的段段枯干上，才会开出星星点点的梅花，形成枯木逢春的意境。

我想，劈梅若得灵性，她当比谢枋得更为感慨：“十年无梦得还家，独立青峰野水涯。天地寂寥山雨歇，几生修得到梅花？”

是的，做一朵梅花也不易。

古往今来，多少咏梅的诗词歌赋赞颂梅花的凛然气节，多少文人又以梅花自喻，表白自己追求真理、忠贞不贰的情操。唯有一首词，从梅花的角度，为之喊出遭受风雪摧残的悲声。

这首词名唤《长相思令 · 烟霏霏》，作者吴淑姬，是宋朝湖州的一个秀才之女，因家贫势弱，

阮玲玉《香雪海》剧照 杜祯彬 / 提供

被一富家子霸占，后又因被诬陷与人通奸而被捕。

审案的郡僚看了她的卷宗觉得她有冤情，还听说她擅长诗词，心生恻隐，便给她一个机会，只要即兴作得一首证明自己清白的好词，便可以帮她洗脱罪名。

吴淑姬确有七步之才，她转头看向窗外，时值冬末春初，积雪未消，寒梅于雪中艰难绽放，联想到自身处境，脱口而出：

烟霏霏，雪霏霏，雪向梅花枝上堆，春从何处回？
醉眼开，睡眼开，疏影横斜安在哉？从教塞管催。

因这首别具一格的梅花词，吴淑姬为自己赢得了自由；因有了吴淑姬的梅花词，中国的咏梅诗词终于在一片孤高的自赏中，另唤出声嘶力竭的抗争来。

这是女性独有的悲悯视角，也是女性独有的切身感受，让世人知道梅花的不易，体察那些“零落成泥碾作尘”的悲哀。

1934年，中国电影还在摇篮时代，由费穆导演、阮玲玉与高占非主演的剧情片《香雪海》上映了。它很像一个近代版的吴淑姬的故事——女主与自己的命运相抗争，依靠自己的坚持，最终迎来了幸福生活。

影片结尾处，冬去春来，寒梅花萼绽开，一家人终于团聚在香雪海间。

梦入江南烟水路

我笔下的江南人家

文、图 / 周文雍

细雨蒙蒙中的江南是最美的。烟雾迷蒙，那粉墙黛瓦时隐时现，如同蒙娜丽莎的微笑，美得神秘不可测。

古村、古镇、古城，构成了江南生活的全部。水巷相连，小桥系着两岸人家，流水绕过家家户户，似江南的血液，使得江南民居生气勃勃。我把江南的往事一直装在心里，怀念她，摹绘她，倾听那悠悠岁月里的百姓故事……

市井生活

积金积玉，不如积书教子；宽田宽地，莫如宽厚待人。苏州人和善的性格造就了和谐安定的社会风尚。画中的万年桥在古城的胥门内，是当年小商小贩比较集中的地方。如今已经焕然一新，再难寻当年的影子。

“杀半价”，说的是在苏州进行买卖时还价方的“狠”：通常买方还的价是卖方开的价的一半。这句俗语很好地映射出了当时市民的性格：疑——怀疑对方要价多；缩——希望讨点小便宜；精——心思细腻，买菜也像玩工艺品一样要完美。一天的心情与这次讨价还价是分不开的，吃了点亏一整天心情就“多云”了，赚了点便宜就心花怒放了。市井里的人就是这样，在讨价还价中得到了满足和快乐。

回荡在弄堂里的叫卖声，清晰地萦绕在耳边。过往生活中一些常见的生活技能，被岁月打磨成了文化遗产，而“市井生活”却依然鲜活地存在着。

水乡早市

从字面看，“市井生活”的主角就是绕着井边过日子的人，是那些忙活油盐酱醋讨生计的老百姓。我一直钟情于市井里的百态人生。对他们而言，家务事就是最大的事，夫唱妇随，悠然自得。

有本土戏曲的地方，定是文化历史悠久之地。戏曲具有很典型的地域特色——语言、唱腔、服装、道具和舞台背景，最能体现当地百姓的性格和特征。我虽是南方苏州人，却也喜欢北方戏——昆曲固然精致委婉，京剧更是豪爽动人。它们就像是书法中的小楷与狂草，一个精致一个豪放，用各自的方式演绎着人间的悲欢离合。

水上人家

卸去生命旅途中的疲惫，把心事放在白云间，任思绪插上翅膀轻盈地飞翔。

我感念于太湖渔家简单快乐的生活。他们天天劳作，日日勤勉。风雨来袭把酒眠，捕鱼抓虾赛神仙。少了宏大的志向，不亦乐哉？而我从中得到的另一个启发就是：爱你的工作才会在过程中快乐，不要求结果才会在风雨中坚强。

往事如烟

一杯清茶品了又品回味无穷

水上的生活是美好的。河道清澈，鱼虾往来。光屁股小孩狗爬戏水，扎猛子、打水仗，与鱼同乐。这是江南水乡夏天里常见的景象。过去的江南水乡，人们生活成本很低，在大自然中获取所需。水，有河水井水；蔬菜，在自留地里；鱼虾在河里悠哉戏水；鸡鸭在田间自由奔走……连房子也是祖宗留下的基业。有了油盐酱醋就可逍遥度日，真是鱼米之乡，人间福地！

只有到了苏杭才能体会苏杭之美。它包含了山山水水和小桥人家，也体现出百姓的丰衣足食和自然资源的丰富，是一种天时、地利、人和的综合美。

水是江南的灵魂，苏杭的命脉。湿漉漉的江南山水连空气都带着甘露的甜蜜，滋养着你的肌肤和心境。江南的风雨就像是慈父慈母对儿女的疼爱，雨是打，风是骂。打是爱，骂也是爱。离开了对水的保护和建设，苏杭将不再是天堂。好的城市建设一定是充分利用了自己特有的自然条件加上宏观规划，有着二千五百多年历史的古城苏州，就是人类在城市建设中的一个经典杰作。

风流之地

五百多年前，苏州出了个唐伯虎，才华横溢却命运多舛。人们把许多风流韵事强加于他，让更多的人对他耳熟能详。

艺术上的唐寅是完美的，生活中的他是有缺憾的。他没能进入官场，也没能进入画院，只是个江南“穷举人”，是个落魄在民间靠卖艺为生的天才艺术家。

他是一个风流倜傥、玩世不恭的“青春偶像”，却又是一个在人类美术史上不可替代的伟大艺术家。在他的身上，我看到了艺术与市场、与生活、与心灵的高度统一。

春花易逝，秋月无常。想来人生与世事也大抵一样——每个时代无不留下“不平”和“悲哀”。但水巷里的落花却没有伤感，争先恐后飘落碧波，带着喜悦和清香随波逐流于小桥流水，与鱼虾同乐。水巷是“神”创造的地方，是“仙”宜居的乐园。怪不得从水巷里走来的人都是飘飘欲仙：沈周、文徵明、唐寅、仇英……他们多才多艺、智慧过人，他们描绘自然的本事无与伦比。时代记录了水巷里的人们，历史抹平了坎坷和怨愤，花红翠落，香尽满城风。

孩提时的记忆，每个人都是挥之不去的。

那厚重的石板，似一个个音符在大街小巷里浅吟低唱；窗子雕花，板壁素色，皆肃然不语；斑斑驳驳的墙面和稀疏凌乱的瓦当历经历史风雨，留下了一副沧桑模样。那可是宋人眼中的意境：

怎得伊来，花雾绕、小堂深处。留住。直到老、不教归去。

水巷寻梦 周文雍 / 绘

《浮生六记》中的苏式生活

文 / 钱宇澄

《浮生六记》中的主人公沈复和陈芸这对夫妻，在苏州可说是家喻户晓，直到今天依然被视为神仙眷侣的典范，被人们通过不同的文艺形式不断呈现着。然而，这对在两百年前极其普通的夫妇，到底是怎样将看似平淡无奇的生活过成令众人羡慕的典雅精致的典范的呢?

翻开书卷找寻答案。原来他们用一双发现生活美的眼睛，串联起了稀松平常的衣食住行，并用心追求返璞归真的生活本质。具体来说，就是通过生活中形式上的简朴，去寻找心灵中的雅致情怀，从而把日子演绎成了人人向往的苏式生活典范。

衣

清中期的苏州，不仅是丝绸的重要产地，也是重要消费地。绫罗绸缎逐渐走向寻常人家，世人也争相追求制作精良的华服霓裳。正如《松窗梦语》中所讲“四方重吴服，而吴益工于服”。然而沈复与芸娘对待衣饰的生活态度是简朴素雅即可，并不一味追求华丽锦缎。

芸娘的衣着经常是“通体素淡”。她自己擅长女红，经常亲手为沈复缝制帽子领袜，还在家庭收入不足时织绣纺衣补贴家用。沈复则评价他自己朴素大方，衣着观是“衣之破者移东补西，必整必洁，色取暗淡以免垢迹，既可出客，又可家常”。

食

在饮食上，书中并未记载盛会华宴，更多的是对餐饮小细节精致的表述。

芸娘喜欢乳腐，原因是价廉又可粥可饭。但在吃法上却很有讲究，别具特色。她常在食用前“以麻油加白糖少许拌卤腐”，或者“以卤瓜捣烂拌卤腐，名之曰双鲜酱”。而沈复则喜爱小饮，但不喜欢多菜，只要荤素精洁就行。

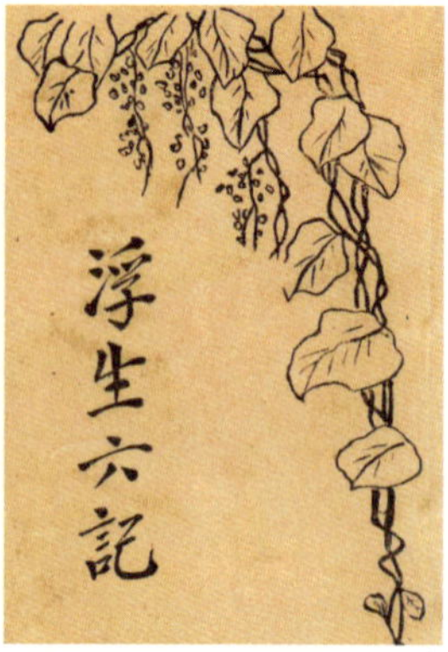

左一：大中书局1933年版《浮生六记》 左二：广益书局版《浮生六记》
右一：上海亚光书局1942年版《浮生六记》 右二：上海新文化书社版《浮生六记》 杜祯彬 / 提供

为此，芸娘特意定制了一个梅花食盒，形如一朵大墨梅覆桌。盒中瓷碟如花瓣，六色菜品各异，量少而精致。他们还别出心裁地制作荷熏茶——利用夏日沧浪亭初开的荷花，芸娘用纱囊装入少许茶叶放置于花心，待一夜后取出，煮天泉水冲泡，茶香伴着荷香四溢。普通的食材，通过考究的做法和吃法，其饮食文化便提升了层次。

住

沈复是园林行家，也是画家，在居住环境的营造上有独特的考量。不论居于何处，他总能因地制宜地自己动手美化环境，打造心中的天地——

夫妻二人不仅用竹子、布条自制实用窗栏，还能设计他人从未见过的移动活花屏。两人婚后住在沧浪亭旁边的我取轩，这里环境“浓阴覆窗，人面俱绿”，加之沈复“爱花成癖，喜剪盆树”，经常在此焚香品茗，叠石插花，课书论经，赏月怀古。沈复用捡回的天然山石创作盆景自娱，陈芸则自制昆虫标本为瓶插添趣。夫唱妇随，诗书联吟，在日常细节中品味普通居家生活的乐趣。

行

《清嘉录》曾讲到吴人好游，四时节俗不绝。沈复经常与三两好友出游，还打破当时的世俗观念，带着芸娘同游。

春天的南园菜花黄时，沈复会邀好友花田郊游，苦于不能对花热饮，甚是遗憾，而芸娘则灵机一动，雇来馄饨摊，既可温酒烹茗，又可煮食野炊，众人花中吟唱，诗酒应和。七夕乞巧，两人设

1917年的沧浪亭 作者/提供

香烛瓜果于我取轩中，并刻下朱白印章两枚分别留存用之。水仙庙庙会，沈复更是带着女扮男装的芸娘尽兴游会。他们还在沧浪亭下“走月亮”，在虎丘山塘逛集赏景。

芸娘想着待以后有机会去更远的地方看看大自然风光，沈复则说：“恐卿鬓斑之日，步履已艰。”于是就带着芸娘开启一场说走就走的旅行，雇船同游太湖。领略了太湖浩渺的芸娘感慨道：“今得见天地之宽，不虚此生矣。”

沈复和芸娘在后人看来充满艺术气息的生活，只不过是他们自然性情流露的生活方式——他们对衣着只考虑淡雅整洁，不追求华丽名贵；饮食只讲究清淡适口，不追求奢华珍贵；居住环境则只需舒适典雅，而不追求广厦琼楼；对待出游追寻的是心灵释放，而不是名山胜景。其实，陈芸心中的理想生活就是这样：能有绕屋的菜园，可以植瓜种菜；夫画妇绣，可补贴拣酒之需。

“布衣菜饭，可乐终身。”也许我们崇尚的古人苏式生活，就是需要这种平淡中有真趣、平凡中有雅趣的生活态度，因时因人，找到各自心灵中美好的生活典范。

顾曾平 / 绘

“做人家”的苏州人会过日脚

文 / 王梦沂

“做人家”是句苏州俗语，在字面上可这样解释：一是为准备建立家庭或造房子而筹钱；二是泛指一种节俭的行为，例如：李阿姨平常日脚蛮省格，热天头空调也不舍得用，用剩下来的汏碗水再冲马桶，真个“做人家”煞哉。苏州俗语一向是蛮形象的，如形容那些爱财如命、死要铜钿之人，苏州俗语就说其是“铜钿眼里千跟头”；形容那十分吝啬又拖泥带水之人，就说其是“勒杀吊死”；形容喜欢损人又占人便宜之人为“尖钻戳客”；形容小气鬼为“缩胚”等。

很久以前，苏州有一单身汉，独来独往，有钱就花光，一人吃饱全家不饿。后有好心人劝他，讨房家小（老婆）做个人家吧。单身汉听了劝，拼命省钱准备讨家小。有人问他：“欸，你怎么节省得啦？”单身汉回答：“我准备做人家哉。”于是“做人家”就作为节省的代名词留传至今。

这故事是我编出来的，但苏州人“做人家”是有历史渊源的。出身苏州贫苦家庭的北宋文学家范仲淹，从小就养成了节俭的习惯，入朝为官依然如此。一次，范仲淹的儿子准备举行婚礼，想以罗绮做幔帐，再买两件好些的衣服。谁知将这事说给范仲淹听，范仲淹竟然说这是奢侈浪费，坏了家风。在范仲淹的坚持下，儿子的婚礼办得十分俭朴，既没购置贵重的物品，也没举行奢侈的婚礼。范家节俭自守的家风得以维持。

我们还能从苏州震泽的师俭堂知道古代世家大族如何“做人家”。当初拥有“师俭堂”匾的人家姓萧，是汉初名相萧何的后代。他们沿袭了萧姓祖先的传统：“后世贤，师吾俭；不贤，无为势家所夺。”崇尚节俭，取堂名为“师俭堂”，就是学习祖先萧何的俭朴作风之意。

所以，苏州人一直是以“做人家”著称的。节俭必然勤劳，也意味着务实。苏州人能在稳健、谨慎、精打细算中，“做”出一户户精致的人家来。遥想古时，当“做人家”的主人带着一身的疲惫回到家中，他需要一个舒适安逸、简约淡雅的居所，于是像苏州私家园林这样的“人家”就一家一家“做”出来了。

在现代创建节约型的社会中，苏州人继续把节俭习俗发挥到了极致。

师俭堂 杜祯彬 / 提供

记得是20世纪70年代后期吧，市场上出现了一种沪产廉价牙膏，叫“庆丰牙膏”，非常受苏州百姓的欢迎。尽管庆丰在口感上略逊于其他上海牙膏，但因其价格比其他牙膏要便宜几分甚至一两角钱（庆丰售价两角七分），所以十分抢手。有一段时间，凡是有到上海出差的单位同事，同事们都会托他带上几支庆丰牙膏。若是家里有沪上亲戚来苏探亲，也往往会送几支庆丰牙膏或其他诸如洗衣皂、白砂糖之类的日用品。

20世纪80年代，我在苏州百货站工作时，业务部门的同事有本事弄到“赤膊”的庆丰牙膏。所谓“赤膊”，即没有纸盒包装的牙膏，四支庆丰只要一元钱，质量和两角七分一支的庆丰完全一样，这在外面是买不到的。所以业务部门有时会从上海拖来几箱，单位同事大家分分。记得我有一次一下子带回家八支庆丰，受到了节俭惯的父亲的赞赏，说我会过日脚。

旧时苏州的男女相亲，双方如果有了那意思，主动一点的就会对另一方说：“伲（咱们）一道过日脚吧？”那意思就是结婚吧。男的往往还会拍着胸脯承诺：“好好叫搭（和）我一道过日脚，我会待倷（你）好格！”男女双方成家后在一起生活，苏州人称作“过日脚”，这是一层意思。

要过好日脚，就要当好家。苏州女人比较会当家，所以苏州男人称自己的妻子为“家主婆”，意

左：庆丰牙膏 杜祯彬 / 提供 右：壶底坏了都不舍得扔，让白铁匠换个底继续使用 于祥 / 摄

思是家里主管过日脚的老婆。小桥流水，平平淡淡，苏州人家过日脚就像门口流淌的千年小河。在苏州人心目中，平平安安的日常生活，就是一种最大的幸福——恩恩爱爱快快乐乐是过日脚，勒紧裤带磕磕碰碰也是过日脚。老苏州人经常会讲："扳扳指头勒过日脚啊。"意思就是要勤俭节约地过日子，这是过日脚的另一层意思。

日脚日脚，日子的脚。有了脚，日子便会走路，生活就跟着日子的脚一日日走过去。从夏天走到秋天，又从冬天走到春天，我们跟着日脚，一路向前。走得快了，赶上日子就是"日脚过得不错"；走得慢，落伍了，就"日脚难过"了。

这日脚有人过得顺利，有人却被难倒。日脚往往和不会打算的人开玩笑，所以我们会有"吃勿穷、着（穿）勿穷，算计勿着一世穷"这句话。因为是要盘算着生活，所以苏州人会"爬"房子，会在市场里讨价还价，会研究节电省水小窍门，会发明韭菜炒螺蛳，会愿意挤公交、骑脚踏车……

说个具体例子吧。以前我们苏州人常用的钢精锅（铝锅），轻巧方便，导热性又好，且不易碎裂，但铝锅耐热耐腐性较差，锅底容易烧焦烧穿。会过日脚的苏州人，不管经济条件好坏，锅底坏了都不舍得扔，让白铁匠换个锅底继续使用。那时到别人家屋里去看看，几乎都有换过底的铝锅斜挂在墙壁上，且不止一两只呢。

"做人家"这种传统美德，这种勤俭持家的优良民风，由老一辈传给我们这一代，我们现在正想方设法要传给下一代。苏州人就是这样，沿着日子的脚印，一步步脚踏实地地走着，将日脚过成了一首悠然深长的吴歌。

削刀磨剪刀声，声声悦耳 周文雍/绘

穷穷穷，三担铜

文 / 郑凤鸣

一

“穷穷穷，三担铜”，是说旧时苏式小康人家即使败落，也还有些值钱的东西。譬如家里的铜器日用品可以拿来应急，换钱度日。

20 世纪 50 年代，我家生活虽然艰苦，但是还有铜面盆、铜暖锅、铜汤罐、铜勺、铜炉子、铜铲刀、铜脚炉、铜汤婆子、铜痰盂。有些换钱糊口了，有些因为时代变迁废弃不用了，至今只剩了只铜汤婆子。

那时，我家烧饭烧水使用的还是砖砌土灶。灶墙上部挂有铜铲刀、铜勺、广勺，它们都用黄铜皮制成，沿口装有木柄，作为抓手。铜勺、广勺呈半球形，铜勺比较小，用以舀汤舀粥；广勺比较大，用以舀水。

冬天，母亲会买来羊肉，洗净，加调料，然后装进一只铜罐里，把它埋在灶膛滚烫的柴灰下。一次烧灶的温度不够，就两次、三次，直至羊肉酥烂脱骨。这道菜味美汤香，好吃得“打耳光不放”。

二

空调、地暖、电热毯等取暖设备众多的今天，我们却怀念起了用铜汤婆子的日子。

“铜汤婆子”的名称非常形象。质地是铜皮的；“汤”，沸水也，取暖之源；“婆子”，暖暖的母爱呀。

我家的铜汤婆子不止一只，都是用铜皮做的扁扁的圆壶，顶上有一个带螺帽的小圆口。从这个小圆口灌进开水，铜皮的散热性好，放在被窝里，被窝一下子就热遍了。

左：铜汤婆子 于祥 / 摄 右：铜脚炉 杜祯彬 / 提供

冬天，自己烧开水速度慢。傍晚，就带了铜汤婆子到老虎灶去泡开水。待到“水熟无声”，灶主打开汤罐盖，一股蒸汽顿时喷涌而出，一个个沸腾的水柱上蹿下跳。那时泡水不是用水龙头放水的，而是灶主手拿一把漏斗，将下部管状漏嘴插入铜汤婆子的进水口，另一手拿一把水勺，舀一勺滚开水，倒进漏斗。因为铜汤婆子的进水口小，进水慢；也因为漏斗的嘴与进水口大小基本吻合，因此灌水时常常会发出“噗噗噗”排出空气的响声。

灶主手法巧妙，基本上两勺就可以灌满一只铜汤婆子，稍有溢出，正好为汤婆子的外壳加温。我们套上套子或者盖块棉垫子，保管提回去的汤婆子滚烫滚烫的。

铜汤婆子的口渗水怎么办？不会的，小圆口里有个薄薄的圆片状小盖，等于一个内塞，再旋紧外盖，保证铜汤婆子不会渗漏。

到老虎灶去给铜汤婆子泡水的人络绎不绝。张三会问：“天还不怎么冷，怎么已经泡汤婆子了？”李四会回答：“这是给我好婆泡的。”王五会说：“满了，快盖上盖子。”灶主会提醒：“路上当心，掉地上会烫伤人的！”好一幅有声有形的风俗画。

有了铜汤婆子，我们这代人熬过了一个又一个寒冷的冬季。

三

记得小时候家里有只黄铜脚炉，鼓墩式的，高约12厘米，直径20厘米，盖子上有六角形的小孔。

那时家里烧饭用的是柴灶，在寒冬里，妈妈总会把柴灶的余烬盛到装有半炉砻糠和木屑的脚炉里。在一股浓烟散尽后，脚炉里的砻糠和木屑就会长时间地不完全燃烧，这种不完全燃烧发出的热量传导到炉壁、炉盖，成了我们取暖的良途，有时还炙手呢。

过一段时间，铜脚炉热量会降低，妈妈打开铜脚炉，用火夹兜底翻动砻糠和木屑，让它“死灰复燃”，脚炉就又恢复了旺盛的热力。晚上，把铜脚炉塞进被窝。人躺下时，让铜脚炉先行开路，整个被窝都热烘烘的。不过，也曾听说有老人因为踢翻铜脚炉而引发了火灾的故事，所以妈妈是千叮万嘱：“当心！当心别烫了脚！当心别踢翻了铜脚炉！”并且在我们入睡后把铜脚炉从被窝里移开。不懂事的我们还常常责怪妈妈的“狠心”，现在想想着实不该。

脚炉因为也是铜皮做的，所以传热快，但是散热也快。为了使铜脚炉保温时间更久一些，我们用一个草窝，里面垫上棉胎，然后把铜脚炉放在草窝里，这样，铜脚炉成了一只火疙瘩。

俗话说“寒从脚上起”。脚热，浑身暖。但是有时也会乐极生悲。当时大家穿的都是棉鞋，布底棉帮棉线缝，经受铜脚炉的烟熏火烤，棉鞋容易线断、帮裂、布底脆，而且我们往往由于贪图热量，把铜脚炉弄得高温不退，以致烘焦了鞋底挨一顿责骂。

四

脚炉不仅可用来烘脚，也可用来烘手。我们还把它放在大腿和膝盖上。脚炉的铜底平整光滑，在大腿和膝盖上来回滑动，让关节非常舒服。同时，我们欣赏脚炉铜盖上六角形小孔组成的图案，中心是一个圆形，四组菱形分布在盖子的周边，其间还有两个三角形交叉重叠，形成了多样的变幻；我们在镂空的五星中观察脚炉里一闪一闪的小火星。觉得烫手了，就用一块手绢铺在脚炉铜盖上，这时的温度正好。手绢发烫了，取下来焐焐手背，更觉得惬意。

有时家里有带壳的花生，我们把它埋在铜脚炉的砻糠和木屑里，过一会儿，把铜脚炉稍微颠一下，或者翻一下砻糠和木屑，使得花生受热均匀。花生的香味弥散开来时，一炉手剥花生就是我们的美食了。浓郁的香气、脆脆的果仁，那种享受是任何店里买来的花生都无法与之比拟的。剥下来的花生壳，则又是一拨铜脚炉的燃料。用现代话来说，还是循环利用呢。

闺中少妇不知愁 周文雍 / 绘

苏州船菜的旧时光

文 / 何文斌

“贵潘”信札中的花船

2019年初，友人发我一通苏州“贵潘”信札，信不长，内容颇有趣味，点校如下：

前日奉订访桂扁舟，已雇定王四寿船，略备便酌，极其简率。奉屈大哥偕九弟暨宜、静两侄惠就，同来水窗中促膝一谈。船泊吴县学场，因有步行下船之说，故取其路近，但玉趾有劳冗，宜乘轩为妙。弟等在舟奉候，千万勿却。此请大哥大人台驾，九弟大人暨子宜、子静新孝廉均此，不另。弟钟瑞、馥、嘉穗同顿首。廿六日。

这是潘家兄弟、叔侄的一次聚会。

潘钟瑞、潘馥、潘嘉穗三兄弟订了一只著名的“豪华邮轮”——王四寿船，请他们的大哥、九弟及大哥家的两个刚刚考取举人的侄子去访桂，其实就是吃船菜、喝花酒。

据《大阜潘氏支谱》记载，信中的子宜是潘霨的长子，潘氏三十三世志字辈，即潘志枬（1853—1920），原名志厚，字坤一，号子宜。子静是潘霨的次子，即潘志俊（1856—1919），原名志定，字颖初，号子静。

潘志俊1876年秋天中举，他的叔叔们称他“新孝廉”，结合“奉订访桂扁舟”一说所知，该信札所写的时间就在当年的农历八月二十六日。凭我对潘家人笔迹的熟稔程度来判断，该信札出自潘钟瑞之手。

我与几位老师一起点校了一千余通的《贵潘友朋信札》（精装五册，古吴轩出版社 2020 年 11 月出版），该书收录了四十九通潘霨写给潘馥的信札，有近十通是潘氏兄弟、叔侄及友朋关于宴饮、游玩的通信——

有一通是记大家去虎丘雅集，所用的同样是王四寿船。另有一通记诸人去木渎与天平山，在胥门码头雇了沈松山船——这也是晚清的一条著名花船，一直经营到了民国时代，在1922年4月出版的《旅苏必读》（陆璇卿编著）中还有这条船的身影，与夏桂林、金阿媛等七条船“并驾齐驱”。

最新出版的《贵潘友朋信札》 于祥 / 摄

潘霨送四儿去无锡，也邀请三弟潘馥同往，作惠山游。他雇的船是无锡快，这是晚清至民国初苏浙沪最为流行的一种中国船。徐珂的《清稗类钞》之"舟车类"记载："无锡快者，无锡人所泛之船也……船舱之门为斜面，略如满江红。乘客餐时，必佐以所烹之青菜，味至佳，盖舟主之眷属所制者也。"

张元济先生之子张树年在《张元济往事》中也提到了他幼年在出生地长康里见到的无锡快："这种船相当大，分头等、二等舱，备有床铺，统舱在后，只有座位。船尾是一间厨房，供应乘客膳食。"

苏州船菜之盛

虽然潘氏三兄弟说"略备便酌，极其简率"，但其实该船出品的船菜可不一般。能成为钟鸣鼎食之家的子弟用来娱乐的船舫，岂是等闲之舟？《苏州市志》（江苏人民出版社 1995 年 1 月出版）中专门收录了一张船菜菜单，恰恰是王四寿船的菜单。

该菜单有三十道正菜、八只冷盆，四粉点、四面点、二甜点。这些菜名、小吃名都起得辞致雅赡，充满诗情画意，如翠堤春晓、桂楫兰桡、春色迷人、玫瑰松子石榴糕、薄荷枣泥蟠桃糕等，不由得令人赞叹与感慨。难怪晚清的西溪山人在《吴门画舫录》中称："吴中食单之美，船中居胜。"诚非虚言。

清初沈朝初的《忆江南》系列词中有一首专写船菜，曰：“苏州好，载酒卷艄船。几上博山香篆细，筵前冰碗五侯鲜。稳坐到山前。”几句话就把苏州船菜的精致和就餐环境的高雅勾勒得很有画面感。

清中期顾禄《桐桥倚棹录》中记录当年苏州船宴的情景：每年虎丘“三市”“三会”的游船总与美食相伴。供宴饮游赏的船只较宽，大的可容三席，小的可摆两桌。艄舱有灶，酒茗肴馔，任客所指。宴舱中的栏楹桌椅，以大理石、紫檀、红木等镶嵌，门窗又多雕刻黑漆粉地书画。陈设有自鸣钟、镜屏、瓶花，位置务精；茗碗、唾壶以及杯箸肴馔，无不精洁。游宴时，歌女弹琴弄弦，清曲助兴。夜宴开始，船头羊灯高悬，灯火通明；船内凫壶劝客，行令猜枚，纵情行乐。

清末，柳亚子先生到苏州参加南社雅集，同样也品尝了船菜。包天笑、叶圣陶等先生都有写过苏州船菜曾经的辉煌，可见苏州船菜流传之盛。

20世纪20年代到30年代初的苏州船菜，依然吸引了众多有财力的消费者。就连当时的上海名妓富春老六也在苏州设立画舫，经营旅游、助唱及船菜业务。

《旅苏必读》中《船菜》一节对苏州船菜有具体的描写：

老明信片上的画舫 作者 / 提供

左：民国时期的画舫 右：晚清画舫 作者/提供

苏地船菜最为有名，各样小菜有各样之滋味，不比馆菜之同一滋味，菜有一顿头、两顿头之别，船有大双开、小双开之别，然虽曰大双开，究不能多请客人，故官场请客而人数多者，必用夏桂林船，菜亦嘉，船亦大，用轮船拖带，虎丘冷香阁，枫桥寒山寺，一日而可游两处。朝顿八大盆、四小碗、四样粉点、四样面点、两道各客点，酒用花雕，尽客畅饮，夜顿十二盆、六小碗、两道各客点，船酒菜一应主人出洋三十元，轮船外加二十元，客人各出酒钱洋两元，亦有主人包出，不费客人者，主人加出洋十六元或十二元，或照到客每客两元不等。光船一天六元，两顿头连船二十元。

范烟桥版《苏州指南》（1934 年 1 月第八版）中介绍船菜的特色："点心一席至少四元，翅席至少十元，船价在外，阊胥城外及城内各大船皆能烹制。夏令游荷花荡，秋节游行春桥，春季游虎丘、天平最为相宜。"

对于吃船菜、游画舫，范先生是有话语权的，因为他曾在1926年5月15日参与了"星社"成员包天笑、尤半狂、程瞻庐、黄转陶、周瘦鹃、郑逸梅、赵冷月等人的"天平俊游""十人团"，租用的就是富春老六的花船。

俞友清版《苏州指南》(1935年2月第九版)"苏州食谱"一章第九节专门介绍苏州船菜，作者的文字好像是记者的报道直播：

苏州船菜，向极有名。盖苏州菜馆之菜，无论鸡鸭鹅肉，皆一炉煮之，所谓一镬熟也。故登筵以后，虽名目各异，而味皆相类，惟船菜则不然。各种之菜，皆隔别而煮，故真味不失。司庖者皆属妇女，殆以船娘而兼厨娘者。其手段极为敏捷，往往清晨已登舟，始闻其上岸买菜，既归则洗割烹治，皆在船艄一隅之地。然至午晷乍移，已各色齐备，可以出而饷客矣。其所制四粉四面之点心，尤精巧绝伦，且每次各色各不同，亦多能矣哉。其价值则一筵一点席，从前连船约十五六元，近则各物价昂，大抵非三十元不办矣。

船菜的衰败与变迁

好景不长。20 世纪 30 年代以后，据新眉的《苏州船菜的没落》、珊珊的《苏州船菜的今昔》、范烟桥的《苏州船菜的沧桑》等文所说，由于船菜的价格太贵，且船娘年老色衰、苏州河水渐不洁净，还受到无锡、嘉兴船菜的低价策略影响，特别是上海的菜馆内也开设了船菜业务，苏州船菜迅速式微。到 20 世纪 40 年代，苏州的船菜仅剩下鹤园一家。此鹤园不是曲园、听枫山馆边的园林，而是开设在大成坊口临近观前街的一家新菜馆。菜馆的主人，是原松鹤楼名厨陈仲曾的长子陈志刚。

此时在上海和无锡，吃船菜是一种时尚。当时上海、无锡的报纸上有很多这样的广告和文章。有意思的是，郑逸梅先生在《南湖的革命纪念船》一文中说，在嘉兴南湖召开的那次著名会议所使用的是一种叫“无锡快”的船：

平时运粮；到了夏天，充作游舫。备有丰美船菜，自初夏至中秋，生意很盛。旧时六月二十四日，为荷花生日，船往往被订一空。这种船大都停泊于端平桥，待客雇唤。较大者为双夹龙，所谓双夹龙，船身特阔，中设宴席，后设床榻，艄有厨房，两旁尚有夹道，可供侍役行走。

与此同时，苏州的船菜、船点从水上登岸，渐渐转化、融入了苏州的菜馆中，成为别具特色的苏帮菜，极口腹之欲的文人总结为：“酿柑荫冰，糖团春茧；花糕角黍，蜜蟹拥剑。五酘之水，四桥之水；渚山之茶，顾村之乳。”这便是苏州特色美食有别于其他菜系的地方，这样的融合也成就了如今许多老字号餐馆的拿手绝技和招牌菜品。

左：陆璇卿编著的《旅苏必读》 中：范烟桥编著的《苏州指南》（第八版） 右：俞友清编著的《苏州指南》（第九版） 作者 / 提供

清晨相对比较空闲，毕竟现在喜欢吃头汤面的人少了

老横泾面馆，你学不会

文、图 / 钟 麟

老横泾面馆火了有好几年了。它离我的公司就10分钟的车程，去得多了，也就有了一些好奇：

这家面馆只此一家，但体量非常大，就开在一个住宅小区门口。营业时间从早上5点一直持续到晚上8点，而一般的面店下午2点到4点是不营业的。午间高峰时，取面处人头攒动，但店家总能快速完成，忙而不乱。他家的浇头，分量足，口感好。一碗三虾面能够一年四季常供，才78元一碗，这又是怎么做到的呢？

于是就有了和面馆老板朱玉明的交谈。朱玉明是横泾人，很实诚，一五一十地道来。

老横泾面馆的后端供应链是有一家集团公司支撑的。老板姓潘，也是横泾人，是朱老板的表弟。这家公司生意做得很大，有专门的食材冷链配送，还直营着农家菜餐厅。老横泾面馆所在的小区门口那排门面就是公司整体租下来的。有了这后端的结构性稳定支撑，朱老板就可以腾出手来，全力做好前端和与后端的衔接。

因为有了知名度，慕名而来的游客尤其是上海游客非常多。如果按照传统面馆的路数下午不营业，岂不是让众多食客失望了？于是，朱老板就把营业时间调整过来了。这样，一天最高销量能达到5000碗面。

当然，这个行业是非常辛苦的。早上四五点就开始营业，捞面师傅实行轮班制，差不多两个小时就要换一班。朱老板经营面馆有10多年，甚至还去上海闯荡过。他感叹现在苏州的面馆到处开花，但那些走连锁路线的面馆，口碑好又质量稳定的似乎并不多。他说，在没有想清楚运营模式前，他宁愿守着这样一家大体量的单店经营。

左：老横泾面馆就在一个小区门口的商铺里
右：苏州人的幸福生活，从一碗青菜焖肉红汤面开始

这家店里的员工多半是当地人。午间高峰时取面处会有多名员工做导引，再大的客流也能忙而不乱。朱老板平时一直守在店里，遇到问题见招拆招。

说到价格，朱老板坦言，依托表弟公司的供应链，食材都是从高邮产地直采的，性价比高，价格走的是亲民路线。举个例子，现炸大排定价10元，有一阵进货成本实在太高，只能涨到11元，但一旦进货价格回调，他们马上就恢复10元的定价了。70多块一碗的三虾面，在全苏州城也是很难寻到的。

除了价格亲民，食材新鲜也很重要。面汤要用贵州苗家散养生态草鸡来熬制，这是因为表弟小有名气的公司响应了政府扶贫计划，与大西南的农村有了多方合作。这样，苏州的食客能享用到原汁原味的草鸡汤和白斩鸡，也带动了边贫地区的养殖业发展。因为有了很好的生态链，多方共赢，大家都开心。

朱老板为人平和，也自信满满。他说，老横泾面馆背后有现代供应链管理的支撑，门面装修就地取材，加上吃苦耐劳，这些都是旁人很难学到的。而有了这些优势，他要做的就是踏踏实实搞经营，不扩张，不连锁，把这家店做到极致。

“老横泾”的红火也给人们一个启示：传统文化——无论是饮食，还是民间工艺，抑或是文创产品，其实都是需要不断探索创新路径的。静水流深，很多成功品牌背后的故事，都不会简单。

上：忙的时候，老板也会亲自上阵

下：前置开放式的厨房操作间，连续工作的强度很大

每天午间，这儿有专业评弹演员表演

开水自取处
謝謝!

顾曾平 / 绘

钱谦益的辛巳元夕情事

文 / 项苏农

钱谦益（1582—1664）是明末清初苏州府常熟人。因曾在南明弘光一朝任职礼部尚书，故又有“宗伯”一称。同时代的黄宗羲有诗夸赞他，说他是五十年来文坛公认的宗主。

发生在他五十九岁那个辛巳年上元夜的事儿，成为他八十三年的人生中一个重要的节点。而此前，他因所谓的“贪肆不法”，已在崇祯十年（1637）削籍归乡了。

因为在那个晚上，他遇到了柳如是。

初识柳河东

柳如是（1618—1664）本姓杨，明末清初浙江嘉兴人，是当时名妓，能诗善画，有《柳如是集》传世。因为读到了辛弃疾那句“我见青山多妩媚，料青山见我应如是”，故取字如是。

顾苓的《河东君小传》对钱柳二人的初见和复合有一波三折的描绘。

先是有云：“崇祯庚辰冬，扁舟访宗伯。”

河东君柳如是娇小美丽，气韵高雅，诗词绝妙，倾倒一时，而且还特别地洒脱，富有胆略。钱谦益对她非常仰慕，却因无缘得见深以为憾。谁知在崇祯庚辰年（1640）冬天的一天，柳如是以男装打扮，竟然乘一叶扁舟前来常熟拜访。钱谦益顿时喜出望外。因柳如是号“我闻居士”，就将专为她新筑的居屋名之曰“我闻室”。在此期间，两人诗文唱和，形影相随了一个月。在柳如是告别之际，钱谦益恋恋不舍地望着她，说定了请她再来的时间。

对于“崇祯庚辰冬，扁舟访宗伯”一事，钱柳二人也都有自己的记载。柳如是《庚辰仲冬访牧翁于半野堂奉赠长句》诗，以“声名真似汉扶风，妙理玄规更不同”句开始表达，在上来猛夸了钱谦益为当今无愧的名士君子一顿后，于诗的最后道：“今日沾沾诚御李，东山葱岭莫辞从。”将自己此行委身相从的目的表露无遗。

钱谦益则同样以诗奉答，说河东君是卓文君再世，卓尔不群，顾盼自雄。惺惺相惜之情，溢于言表。

顾苓是明朝遗民，《长洲县志》有传说他“筑室虎丘山塘”，并“著有《塔影园稿》”。他作为“宗伯门人”，为柳如是所作的《河东君小传》应是可信的。

上元重相逢

《河东君小传》继续有云：“过期不至，宗伯使客构之，乃出。”

钱谦益在说定的时间里，并没有等到如约而来的柳如是。于是，他复盘两人此前的交往过程，想到问题是出在自己身上：他从来没有给过柳如是一个明确的未来期许。他不想就这样失去这位红颜知己，便急忙约请朋友出面。经过他们的一番劝说，柳如是这才答应前来见他。

钱谦益约请的朋友，是沈璜和苏先。

沈璜，《长洲县志》称他“居虎丘之西，善谈诗”，“重气任侠，往往急人之难”。而苏先，则“善画人物，作艳体诗亦工”，颇得唐人遗风。

柳如是答应前来见钱谦益的时间，正是辛巳年的上元日。

上元为农历正月十五日，是夜称“元夕”。因为有一年中第一个月圆之夜的意思，也被称为“元夜”。因“夜”亦呼作“宵”，所以这天又称为“元宵”。从唐时起，民间就有在这一天放灯的习俗。

放灯，也称张灯，最早是指官府在这天晚上，在城市热闹之处通宵燃点花灯，同时大开坊门，取消以往的宵禁，允许百姓逛街观灯，所以这天又被称为“烧灯节”，简称“灯节”。此后渐成惯例，最终形成了以争奇斗艳为胜的上元灯市。

诗酬两相悦

这四人是如何交谈的？钱柳二人又是怎样和好如初的？二人又有什么约定？由于缺乏史料，顾苓的《河东君小传》已是语焉不详。今人只能从沈璜为柳如是作的《东山酬和集序》中窥见一二。

如那句“辛巳元夕，虞山半野翁偕河东君俨然造焉”，是说这两人共同选择在沈璜的虎丘家中正式会面。还有那句“染翰论文，重翦两窗之烛”，也说明这两人经过沟通后又重归于好。可以肯定的是，诚心复合的当事者钱柳二人，和乐见其成的见证者沈苏二人，这一晚是兴高采烈、其乐融融的，有诗为证——

钱谦益面对着沈璜，激动地举起了酒杯，率先表达了他对东道主的感谢：

西丘小筑省喧阗，微雪疏帘炉火前。玉女共依方丈室，金床仍见雨花天。寒轻人面如春浅，曲转箫声并月圆。明日吴城传好事，千门谁不避芳妍？

柳如是毕竟是个聪明人，她知道他说的“明日吴城传好事”是什么好事，就嫣然一笑，以《上元夜泊舟虎丘西溪小饮》为题，用钱谦益诗的原韵和道：

弦管声停笑语阗，清尊促坐小阑前。已疑月避张灯夜，更似花输舞雪天。玉蕊禁春如我瘦，银缸当夕为君圆。新诗秾艳催桃李，行雨流风莫妒妍。

其中的“银缸当夕为君圆”句，语含双关，特别响应了钱谦益“曲转箫声并月圆”的呼声。

钱谦益自然是读懂了这诗，随即以《次韵示河东君》，专门点柳如是之名曰：

三市从他车马阗，焚枯笑语纸窗前。晚妆素袖张灯候，薄病轻寒禁酒天。梅蕊放春何处好，烛花如月向人圆。新诗恰似初杨柳，邀勒东风与斗妍。

他说他现在终于可以放心了，亲眼看到了她写的“银缸当夕为君圆”句，知道了她其实也向往着和他重圆。所以钱谦益此时心中那个高兴啊，真是无以言表。

看着钱柳二人一唱一和，苏先也是人如其名，抢先在沈璜之前，一语道破了这两人的私情。他语带调侃道：

春城箫鼓竞阗阗，别样风光短烛前。残雪楼台行乐地，薄寒衣袂放灯天。银花火树如人艳，璧月珠星此夜圆。一曲霓裳君莫羡，新诗谁并玉台妍。

说在这放灯的上元之夜，钱柳二人一个是银花，一个如火树，郎才女貌，合成一对璧人，很是让人羡慕。

沈璜作为东道主，自然也要表达一下美意：

乍停歌舞息喧阗，移泊桥西蓬户前。弱柳弄风残雪地，老梅破萼早春天。酒边花倚灯争艳，帘外云开月正圆。夜半诗成多藻思，幽庭芳草倍鲜妍。

钱柳二人能消除误会，再续情缘，这真是“帘外云开月正圆”的好事。

《河东君小传》最后有云：“定情之夕，在辛巳六月初七日。君年二十四矣。”当然，这已是他们两人另外的故事了。

顾曾平 / 绘

太多故事的毕老爷

文 / 魏紫千

毕沅像 汪徒 / 提供

毕沅毕老爷，原籍太仓。因是沈德潜的高足，功成名就之后自号“灵岩山人”，也算入了木渎籍。毕沅的一生，有太多戏剧元素。

傍名伶

毕沅是在单亲家庭中长大的。但他有个才华横溢的母亲——张藻，西泠派的著名女诗人。有这样的母亲教导，毕沅自小就聪慧过人，饱读诗书。

他二十三岁顺天乡试中举，被授内阁中书。这仅是个小文书的差使，所以也算是“北漂”者，准备继续参加会试。和许多文人离不开风花雪月一样，毕沅在闲暇之时亦经常出入梨园。

毕沅心仪的名伶就是李桂官。名伶李桂官非但没有令毕沅为自己耗费钱财，反而是常常接济这半工半读的穷书生。你侬我侬的情义中，他不时提醒毕沅，万不可以玩物丧志。甚至，他还嫌毕沅的书法写得太差，怕他日后应试时会受影响，不时督促毕沅好好临帖练习。也许，少了这段浪漫的“断背”情缘，毕沅高中状元的概率真会下降几分。

中状元

在毕沅的人生中，他应该做过许多梦。但种种梦想里，却不一定包括高中状元。可是，命运偏爱拿人开玩笑。

复建的灵岩山馆 杜祯彬 / 摄

他“北漂”时任职的内阁中书被纳入军机处。与他一起的两位同事，一个姓诸，一个姓童，也都是举人中的佼佼者。毕沅三十岁那年，他们在顺利通过会试后进入殿试，向状元发起最后的冲刺。论诗书文章，三人实难分出伯仲，但状元及第的胜算却不在毕沅，因为殿试是十分考验书法水平的，毕沅的书法落后他们一大截。

为此，殿试的前一天，姓诸的举人对小毕打开天窗说亮话：“兄弟，乾隆爷讲究书法你是知道的，对你来说，夺魁断无希望，考考罢了。而我们则是很有把握的。今儿晚上，我跟童哥要准备明天的殿试，值夜班的事儿你就一人顶着吧。君子有成人之美呀，怎样？”

毕沅听罢，竟点头称是，说哥们儿放心去好了，日后不忘提携兄弟就是了。毕沅本来信心不太大，这个人情也乐得做。

两位同事回去准备应考，留下毕沅值班。当夜，有人送来一个有关新疆屯田的奏折，需经军机处转呈，毕沅便阅览着打发时间。岂料，次日殿试内容，竟是有关边疆屯田事宜的策问。面对试卷，诸、童冥思苦索，毕沅却如同预习过似的，策文写得得心应手。

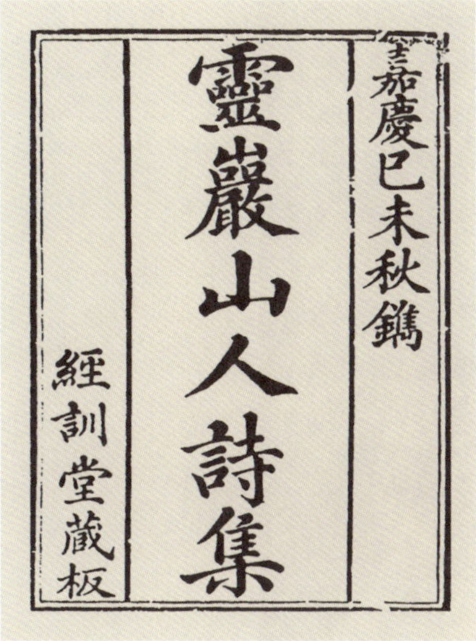

左：嘉庆四年（1799）《灵岩山人诗集》 右：1935年版《续资治通鉴》 杜祯彬 / 提供

后来卷子送给乾隆过目，读着毕沅这篇内容翔实、文笔老到的文章，乾隆以为发现了个文武双全的天才。所以不苛求他的书法水平，破例大笔一挥：状元就他了！

被清洗

平步青云的毕沅，自翰林院编修做到河南巡抚再到湖广总督，够位高权重的了。但究其一生，毕老爷在政治、军事上表现平平，而作为一个大学问家，则鲜有人能望其项背。毕沅除能诗善文外，于经史小学、金石地理之学，无所不通。等身著述中，《续资治通鉴》《灵岩山人诗集》等影响最大。更可贵的是他倡导文人相敬，相互欣赏。

命运对毕沅，实在是太过捉弄。

只因他曾经跟大奸若忠的和坤走得太近，到老竟成为嘉庆皇帝清洗的对象。六十七岁那年他得了手足麻木病，吃了嘉庆赏赐的“活络丹”，在皇恩浩荡中“活络着”死去。几年后，嘉庆拿下和坤，又再次对毕沅追究余罪，抄家清算，遂使毕氏家财荡然无存。这就难怪今天灵岩山风景区内的毕沅纪念馆里，没什么值钱的遗留之物了。

毕沅的人生中精彩故事很多，喜剧也不少。然而他的晚年却令人唏嘘。岁月把心灵磨得苍老，名誉、地位、官爵，终成为飘落在谷底的落叶。

柳亚子像 汪徒/提供

最是多情柳亚子

文 / 宋庆阳

初识柳亚子

老实说，我对柳亚子的认识是有一个过程的。一开始，我对柳亚子这个人的印象可谓有好有坏，甚至负面的印象更多一些。觉得他身上纨绔子弟的毛病很多，有关他的争议也很多，比如关于“捧角儿”的话题，因任才使性引发“唐宋诗之争”导致南社内讧，还有对其“牢骚”的各种解读等。

二十年前，我到苏州参加工作。定居下来之后，生活逐渐安定。十多年前，偶然购得同乡郭爱棠先生所著的《徐州续命饮》，不经意间，我接触到以周祥骏为代表的南社中的徐州人，进而开始了解南社。加入苏州南社等各级研究会后，随着手中史料的日益丰富和视野的开阔，这才对柳亚子有了较为全面的了解。

柳亚子不是完人。他感情冲动，亦狂亦侠亦儒；但又爱憎分明，始终保持一颗赤子之心。中国南社与柳亚子研究会首任会长沈尹默评价他“太天真”而又“十足名士气”，可谓一语中的。柳亚子身上所表现出来的急公好义、真诚热情的品格，也难能可贵。

周祥骏其人

柳亚子与周祥骏的交谊就是最好的证明。

睢宁南社社员、辛亥革命先烈周祥骏加入南社，是得到了“开山南社陈高柳”中三大发起人之一高旭的引荐。周祥骏加入南社后，对南社中期望最深的还是柳亚子、姚石子、黄忏华、俞剑华等年轻一代。柳亚子与周氏长子周公权是同龄人。在《南社丛刻》《更生斋全集》《更生斋选集》《国学丛选》当中，收录了周祥骏与高旭、姚石子、柳亚子、胡朴安等人的多封书信以及答书。他们直担道统，坚信救国以学，虽坐而论道，但意气相交，肝胆相照。透过这些百年前的通函，我们可以从字里行间体会到他们的虎虎生气。

南社成立之初，周祥骏就抱以极大的热情。他主张南社应该“追踪复社而过之”，提出融合古今中外学说自成一家。从革命宣传的角度出发，周祥骏认为今日之文较急于诗，乃恨南社载诗太多，是南社成员中对南社复古倾向提出尖锐批评的“第一人”。

论学不妨异

但是，最初我是有些疑惑的。周氏的著作中已有致柳亚子的信函和赠诗，但是直到周祥骏1914年5月16日被“辫帅”张勋枪杀于徐州，柳亚子才有悼诗问世。在周祥骏致柳亚子的信中还可以发现，柳亚子还曾“面许”为周祥骏的《更生斋文》作序，但是我们在《柳亚子全集》《更生斋全集》中也未曾读到相关文章。

在悼念周祥骏的三首诗作中，柳亚子回忆了二人初识时的场景，并对烈士的牺牲表达了沉痛的哀悼之情。

周祥骏就义后，柳亚子不仅谋刻周氏著作，还介绍其子周公权、周扬季加入南社。北伐成功、国民政府定都南京之后，经柳亚子、胡朴安等人呈请，南京政府发布训令，在国税中下拨出专款用于烈士丧葬抚恤，并在烈士就义处勒碑纪念。

1944年3月，《更生斋全集》由周祥骏少子周扬季在抗战中石印出版。尽管柳亚子此时也已流离失所，但他还是参与了该书的审定工作。柳亚子与周祥骏最后的情感联系，是在中华人民共和国成立前夕，1949年3月6日，柳亚子在一首赠诗中再次念及：“旧雨睢宁未寂寥，远追周郭近张姚。”其中，周、郭即南社旧友周祥骏与郭爱棠。

四十年相交相知之情，真是剪不断，理还乱。尽管“论学不妨所见异”，但两位英雄共事，就像是两颗围绕太阳旋转的行星一样，尽管按照各自的轨道运行，在交会时可能会为互放的光华互相遮掩，但革命者的理想豪情却始终有着无可比拟的向心力。

窥全方下笔

柳亚子之所以未曾给《更生斋全集》写序，是因为“必须窥全稿，方可下笔”，这是柳亚子治学严谨、为文审慎的结果。至于谋刻烈士著作未成，也是有原因的。

其实早在周祥骏就义当年，柳亚子、姚石子就曾函索周祥骏遗著。但是当时周公权带着两个弟弟避在淮安五梨庄，以塾师身份作为掩护。不到一年，二弟道铭就呕血而亡，母亲因悲愤失明，家庭迭遭变故，周公权肩上压力可想而知。《南社丛刻》十二、十三两集附录中曾收录周公权、周道芬兄妹致南社诸子信函四通，因尊重当时周公权对刊刻遗著有“暂勿付手民”的想法，所以烈士遗著迟至三十年后才在全面抗战中仓促出版，又过了近二十年才有《更生斋选集》问世。柳、姚这两位南社社长（主任）因阅读不到周祥骏的全部著作，虽有写传的美好愿望，但巧妇难为无米之炊，只得搁笔，也自在情理之中。

1909年11月13日，南社首次雅集，坐者左起第三人为柳亚子 作者 / 提供

豪侠君子风

柳亚子与黄忏华的相识相知也可以佐证。

黄忏华是周祥骏的好友。他深深折服于周祥骏先生的学识。周氏就义，他致信柳亚子请其为周祥骏作传，于是与柳亚子论交。结识柳亚子之后，他与柳亚子也相交莫逆，尽管柳氏对他的宗教信仰并不认同。新南社成立前夕，黄忏华建议柳亚子在新南社的宗旨——整理国故、引纳新潮、提倡人类的气节、发挥民族的精神这四条上，再添加一条“指示人生高远的途径”，尽管柳亚子有点不以为然，但还是照办。

1928年前后，黄忏华曾到黎里做客十余日，受到柳亚子的热情款待，这是黄、柳第一次见面。黄在其后所作的古风《京汉道上梦安如》中有专门的描述：“我昔苦梦君，访君梨花里。敲诗梦雨中，说剑青灯里。平原十日游，醇醪差足拟。悠悠送我情，千尺桃花水。”二人分别后，黄氏仍念念不忘：“我忆君才义，我忆君容止。我忆君豪侠，日夕忆不已。”我认为“豪”“侠”二字，足以涵盖柳亚子的行事准则与做人风格。

苟日新，日日新，又日新。《诗》曰：“周虽旧邦，其命维新。”是故君子无所不用其极。柳亚子常怀改革之心，开明开放、与时俱进，这难道还不够我们后辈学习汲取吗？

老奶奶在山塘河边洗漱，2000年摄

定格那些让人怦然心动的画面

文、图／于祥

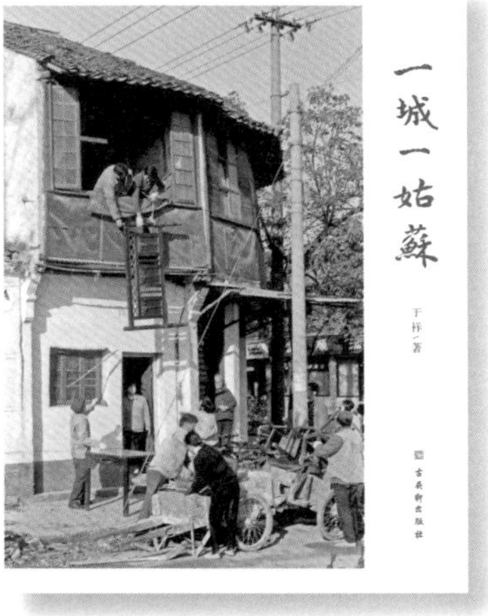

《一城一姑苏》封面

我出生在苏州。

苏州自春秋时期成为吴国都城，两千五百多年来始终是富贵繁荣的领先城市，至明清时期达到历史的顶峰，成为“衣被天下”的全国经济中心，是当时人口最多、最精致，也是最繁荣的城市。

姑苏古城是苏州的根。风蚀剥落的白墙、青苔满布的黑瓦、穿梭的船只、光滑的石子路，这里的生活气息，才是苏州的灵魂。特定的环境成就了苏州人性格的多样性：既性情平和、谦虚好学，又刚正不阿、崇尚侠义；苏州人大都对喜欢的事物观察细致，而且往往做到极致；苏州人喜欢传统又紧跟潮流；苏州人做事情低调，善于融合，几乎能包容一切。

谈到苏州，园林是绕不过去的。

吴趋坊的深处有一座叫艺圃的小园子，外人把她看成是老树寒塘、竹径茅亭连缀的地方。但苏州人的解读是不同的。在这里能体会到园林山水之间、亭院之间、楼阁之间、花草之间、树丛之间、湖涧之间、笔墨之间的精致和内敛，每个角度无不透露出造园主的艺术修养和审美情趣。

因为园子在小巷的深处，公交车或者出租车都进不去，无论你是谁，都需要步行才能到达。在将近一公里的路途中，你能体验到原汁原味的苏州人文景观：苏式菜场、苏州最早的银行旧址、各种老字号小店、特色的苏州民居……一幅幅充满市井气息的画面就像电影那样向你袭来。

苏州园林是苏州人绕不过去的坎，艺圃是大家心里的彼岸，2008年摄

在经历了一番市井气的熏陶后，终于可以推开艺圃的小门跨进园中，里面豁然开朗。你来到了苏州人心里的彼岸：只见乳鱼、朝爽二亭相呼应，如书法般一笔横跨水面的延光阁与对岸高墙下一破再破的月洞门遥相呼应。园子虽小，却把园林的完整、视觉的豁达表现得淋漓尽致。

苏州人对园子的主人是有崇敬之心的。在他们心目中，这是一座用浩然正气铸就的园林。无论是明嘉靖年间弃官归隐、遁迹山林的袁祖庚，还是天启年间与阉党权臣不懈斗争、屡败屡战、最终抑郁而死的文震孟，抑或因上疏而触怒崇祯、几乎被廷杖至死的清末名士姜埰，他们都给后人留下了凛然之气。

苏州人把喜欢的事情做到极致，这成就了苏州文化的精雅细巧。关于这一点，我在20世纪80年代末就体会到了。

当时我还是一个摄影初学者。每年的3月8日下午5点左右，石路广济桥成为摄影爱好者的"打卡圣地"。因为在那个时间节点上往西拍，可以完美捕捉到夕阳正对着河道中间落下的美景。而这个点上，岸上和船上的人都归心似箭。河道狭窄，一不小心就会拥堵起来，但苏州的摄影发烧友们仍乐此不疲，每年的这个时候总会雷打不动地聚集到这里，只为了拍到自己心仪的画面。

每年3月8日，会有很多的摄影人在广济桥上拍摄落日，1990年摄

观前夜市搬进了大成坊里，1998年摄

苏州人喜欢传统又紧跟潮流。

观前街是中国较早的步行街，也是苏州的商贸中心，街的中心还有一座道观——玄妙观。从摄影者的眼光来看，观前街就是一个现代和传统相结合的地带，是纪实摄影拍摄的绝佳之处——大型的购物中心，潮流的青年俱乐部，顶级的苏帮菜饭馆和西餐厅、咖啡厅，摩登时尚的理发店、照相馆以及宽敞舒适的电影院，应有尽有。

在世纪之交的日子里，观前街上新世界之风扑面而来，吸引了许多年轻的面孔：住在近郊即将结婚的年轻人会早早地坐班车来到这里，女孩子试穿洁白的婚纱礼服，再顺带美美地化个妆；准新郎则在这里吹剪好头发，换上西装。到了中午一切准备就绪，二人捧着鲜花手拉手，步伐一致地赶回家去。可以想象，一场传统与现代交织的婚礼正在等待着他们……

观前街曾经的夜市一直是很有名的。小摊一个接一个从观西排到观东，整条大街灯火通明。如今讲究夜经济，观前夜市已经重新开放，更赋予了这里时代的气息。人们在摩肩接踵的人流里走走停停，享受着夜生活带来的满足和惬意，于不经意间也带动了经济的发展。

在观前街化好妆的新人赶时间回家结婚，1999年摄

上：桃花坞庙桥的农贸市场，2006年摄 下：南浩街附近的水上茶馆，1988年摄

东北街与齐门路交会处苏州博物馆旧址，1995年摄

俗话说，市井长巷，聚拢来就是烟火，摊开来就是人间。古城小巷，总是有不经意的怦然心动，不起眼的细微场景也弥足珍贵——她们是有故事的。时代在变幻着，即使她们之中有的已经变了模样，但所有的美好都值得我去记录。

一眨眼的工夫就迈过了50岁。我对这座古城又有了新的理解，这当然缘于时代赋予这个城市新的变化，这种变化不仅是环境和生活方式的变化，也体现在人们的脸上和心境中。

前几天路过一个国际品牌电子产品专卖店，店里低音炮音响里播放的竟是蒋月泉著名的弹词开篇《杜十娘》。我一直认为，评弹只是老年人和有闲人的恩物，并不适合年轻人和工作繁忙者的。谁知开头几句就把我周围年轻人的兴趣调动了起来。

他们安静聆听，用自己的人生经验感悟着那个叫杜十娘的奇女子的故事。吴侬软语在现代化的演示厅里听起来就是一种天籁之音。而随着物质生活水平的提高，精致的苏式生活已然渗透进现代人生活的方方面面。

直到现在，我依然坚持用黑白胶片来记录这个时代：那些马路上自行车之间的小磕碰，小巷里

星桥附近山塘河的早晨，2007年摄

的穿着妈妈高跟鞋的小男孩做着鬼脸，修锁老人在大街边的海报前看报……这些画面都充满着张力与活力，相信随着时间的推移，会变得越发出彩。当后人回想曾经的时候，那便是很好的回味。

我努力把传统元素和现代理念融为一体。一旦这些矛盾的元素能够融洽地结合在一起，我认为它们就是我所需要的摄影画面。

今天古城里，引人入胜的美好依旧存在着，我只不过将我所见的一切呈献给大家。而将让人怦然心动的生活状态真实地记录下来，这便是纪实摄影的魅力所在。

（本文系作者新书《一城一姑苏》自序，有删改）

上：桃花坞寻找唐伯虎的踪迹，2002年摄　下：尚义里有苏州民族乐器厂的一个车间，专门做古琴上的丝弦，2004年摄

清代苏州市景商业图 杜祯彬 / 提供

《锦绣吴市》后记

文 / 王稼句

虞伟先生建议我写这本小书，希望普及一点苏州旧时商业和市场管理方面的知识。这个话题，过去很少有人谈过，也就让我有了兴趣。自去年凉秋开始，断断续续写了将近一年，总算初步成稿，要想介绍的，似乎还很有不少，一来篇幅已差不多了，二来时间上也不能再拖宕延搁，只好就此打住，以后有机会再来写它的续集。

商市是商品交换的集市，古人称为阛阓，也称廛市或市廛，与人们的关系最是密切。生活最低程度的衣食两项，都离不开商市，即使是自给自足的田夫山民，也要赶集趁墟，油盐酱醋茶，鞋帽针线烛，以满足生活的必需。

商市又是一道风景，张耒《田家》云："野塘积水绿可染，舍南新柳齐如剪。去冬雪好麦穗长，今日雨晴初择茧。东家馈黍西舍迎，连臂踏歌村市晚。妇骑夫荷儿扶翁，月出桥南归路远。"杨万里《待家酿未至且买姜店村酒》云："奔走人都倦，担檠酒未来。那能待竹叶，随喜唤茅柴。芦菔仍多煮，庵摩带浅煨。深村市无肉，草草两三杯。"刘学箕《赋祝次仲八景·山市晴岚》云："贸易足鱼米，相逢话桑麻。村墟人蚁纷，日夕山气佳。酒贱醉瓷瓯，樵渔自生涯。"

这都是农村山乡景象，至于城市，则是另一番烂然了。如记录北宋开封的《东京梦华录》，孟元老《自序》说："举目则青楼画阁，绣户珠帘，雕车竞驻于天街，宝马争驰于御路，金翠耀目，罗绮飘香。新声巧笑于柳陌花衢，按管调弦于茶坊酒肆。八荒争凑，万国咸通。集四海之珍奇，皆归市易；会寰区之异味，悉在庖厨。花光满路，何限春游，箫鼓喧空，几家夜宴。伎巧则惊人耳目，侈奢则长人精神。"商市就是其中重要内容，分时节，分区域，记录详实而生动，留下了一份珍贵的社会生活史料。

自此以后，仿作纷然，南宋有灌圃耐得翁《都城纪胜》、西湖老人《繁胜录》、吴自牧《梦粱录》、周密《武林旧事》，元有陶宗仪《元氏掖庭记》、费著《岁华纪丽谱》、刘一清《钱塘遗事》，明有刘侗等《帝京景物略》、史玄《旧京遗事》、顾起元《客座赘语》、佚名《如梦录》，清有佚名《燕京杂记》、李斗《扬州画舫录》、张焘《津门杂记》，如此等等，形成了一个反映城市繁华生活内容的庞大体系。

《锦绣吴市》封面 于祥/摄

苏州作为一个商市历史悠久的古城，五代吴越国时就有著名店肆的记录，如陶穀《清异录·馔羞门》说："阊阖门外通衢有食肆，人呼为张手美家，水产陆贩，随需而供，每节则专卖一物，遍京辐凑，号曰浇店。偶记其名，播告四方事口腹者：元阳脔（元日），油画明珠（上元油饭），六一菜（人日），涅盘兜（二月十五），手里行厨（上巳），冬凌粥（寒食），指天馂馅（四月八），如意圆（重午），绿荷包子（伏日），辣鸡脔（二社饭），摩睺罗饭（七夕），玩月羹（中秋），盂兰饼餤（中元），米锦（重九糕），宜盘（冬至），萱草面（腊日），法王料斗（腊八）。"这种具体的商家举例，比其他城市要早得多。

但苏州商市的文献记录，都零零碎碎，直到清道光年间，才有顾禄的《清嘉录》和《桐桥倚棹录》，前者以记录风俗为主，兼及商市，后者有"市廛""工作""舟楫""园圃""市荡"等专门，但只偏于虎丘山塘一隅。袁学澜的《吴郡岁华纪丽》，成稿稍晚，也是以记录风俗为主，兼及商市。此外，就只有方志了，按方志的体例，商市向不作为重点，只有概说，没有具体。

因此，我写这本小书，只能在故纸堆里梳爬，尽可能勾勒出一个轮廓，尽可能多一点细节，让读者对苏州商市的历史和故实，有一点具体瞭解。需要说明的是，既是"史话"，就要保持历史距离，故一般叙述至民国。

（《锦绣吴市》，王稼句著，古吴轩出版社2022年1月初版）

《拈花一笑》序

文、图 / 柯继承

2021年秋，雨苍先生哲嗣方中兄曾托写序，本想是为其《烟雨苍山》写的，勉为其难，拖拉了月余，算是完稿，岂料《烟雨苍山》早已出版，我放了一通马后炮。原来方中先生要的是为其新作《拈花一笑》写序。既然如此，“呵呵”以后，接踵《烟雨苍山》，必序《拈花一笑》了。

但打开《拈花一笑》，我不禁一愣。因为它竟是本诗集，而且是“古风篇”。对于诗词，我一向“恐慌”，虽然我很喜爱古代诗词，但其实有点“叶公好龙”的做派。诚然，在国内某张大报上，我对中国古代诗词不定期地“乱点鸳鸯谱”，前前后后超过20年，也曾参与了几本诗词赏析集子的编撰。然而综其大概，只是拾人牙慧，为现存的好诗好词点赞吹捧而已。

就我个人诗词写作而言，也非常“迟疑”，甚至近于“述而不作”。统计几十年成篇的，大致不满30首。其中“差堪一事喜，忘向鬼低头”，算是敢于弱弱地拿出来示人的半首“五言”。即使这半首，也是经先师乘六先生及愉园老斧凿的，算来，也就这10个字都不到的“成绩”。所以我一向战战兢兢，除了天生驽骀外，主要还受了某位红了几十年的大人物金口的影响。他的大意是说：唐人几乎已把诗的意境写尽了，掏空了，到了宋代，只能在“哲理诗”上鼓捣，最后也玩完，所以只能填词，接着是元而曲，明清而小说。“规律”就这么探出来了。尽管后来我也知道，这其实并不准。

作者工作照

以江南而言，明代出了个高启——他可是我们苏州人；清代还出了个龚自珍——他是浙江人，但就是喜欢和住在苏州。他们的诗可说是“铁骑突出刀枪鸣”，但终究势单力薄。就词而言，清代竟然中兴，单是一部《饮水词》就引得读者神魂颠倒，但因为不合“规律”，也多被“忽略不计”了。鼎革以后，“结壳”了的内容与意境被飞沙走石打穿，一时蓬蓬勃勃，但也只几十年的光景。在佛教上说，只是“刹那”，于洋洋上千年的文学史和几千年的文明史而言，确实是渺乎其微了。

就我能够接触的苏州前辈而言，乘六先生也只以“一帆冷雨过斜塘”而得意。朱季海先生从不谈诗词，见我提及民国元老李根源写给苏州一批学人（包括乘六、季海两人）的诗篇，他居然默无一言，似有不怿。苏州诸老中，唯一对诗词赓歌不绝的当推魏嘉瓒先生，他是性情中人，有大胸怀，珠玉喷溅，令人神往。沧浪诗社在他的主持下，一时风生水起。但近十多年来，魏老在诗词吟诵上“一骑绝尘”，古调、唐调、吴调，气象万千，远在诗词创作之上了。当年多与魏老唱和的还有施仁与崔护，我曾将他们戏喻为苏州当代书画界中的李杜。但实事求是讲，他俩各有自己的爱好与专长，写诗纯是“自娱自乐”。

瓦翁老喜欢做“玫瑰色的梦”，胸襟广大，看透世事，言谈之中多有惊句、金句，但也未见他以整篇诗词示人。诸老中，雨苍先生堪称博学，而且才思敏捷，讲文物、讲园林、讲书画，十分健谈，也从未听他说过写过诗词。不料他的哲嗣方中先生竟写起诗来，而且集腋成裘，真正出乎我意料。

中国的诗歌，自《诗经》开始，一路行来，民间的，堂奥的，或古风，或律绝，或打油，或山歌，“山重水复疑无路，柳暗花明又一村”。“五四”以后，万水朝宗，本应有极大的发展，却因为天时、地利、人和的种种，虽然布帆无恙，却是挂了秋风，等不及春风夏雨了。“唱尽新词欢不见，红霞映树鹧鸪鸣”，3000年变动也好，100年变局也好，反正现在写诗的人比读诗的人多，诗的前途不在诗而在人。方中先生能有如此雅好，破甑不顾，以诗的形式怀念前辈，阐述人生，真正地令我吃惊与佩服。

《拈花一笑》中有好多篇让我眼前一亮，因为这些篇什，内容上我比较熟悉，或本来就与我有关，如《破山寺》《登灵岩山悠思》《蜗园寻踪》《答农民画家水发兄》《青山志》《题王院士画竹》《吴门雅集为吴霖百年祭祀》《记“姑苏吟”上登拙文》《重访铜观音寺》《初访敬修堂》《忆访鞠国栋老革命》《蜗园遗址逢族人》《再来醉菊园》等，我也把它当作散文读，当乡愁解，当艳遇看，当好梦寻。方中先生的心思，我懂，沧海月明，蓝田日暖，匆匆之中，或有人会视作齐东野语，但居高声自远，非是藉秋风。是为序。

作者的部分著作

夫唱妇随，天伦之乐 周文雍 / 绘

从《日用快览》看苏州的吃住游娱

文 / 李希文

民国初年万宝书

《日用快览》是民国十五年（1926）由上海世界书局编印出版的，类似于现在的《家庭日用大全》，是一本实用生活指南类大众读物。

这本“万宝全书”式的线装书，以“取精用宏，巨细靡遗。既易翻阅，又便携带”为宗旨编纂，内容分岁时、气候、法令、礼仪、文件、尺牍、契据、柬帖、楹联、广告、经济、诉讼、卫生、丹方、旅行、邮电、烹调、游戏、相术、算命20个部分，每个部分下面又细分出许多条目。如“旅行”部分，下面就有“旅行表”“各埠旅社地址”“各埠车轿挑夫价目”“名胜古迹志”“饮食游乐志”等，每条下面又有若干个子条目。所有与苏州有关的内容，都在“旅行”这个部分里。

“旅行”部分的“旅行表”，有“北六省”“中七省”“南五省”“东三省”4个行程一览表，分别介绍了以上海为出发点，去各地的行程走向、交通工具及所需时间。“中七省行程一览表”的“苏州”一栏，就介绍了当时从上海到苏州的两种交通方式：一种是乘火车，“由上海乘沪宁快车行一时三十九分至苏州”；还有一种坐是轮船，“自上海附小轮行约一夜（十二时）至苏州”。

应该说，当时从上海乘火车到苏州还是比较快捷的。1小时39分，放到20世纪90年代也不能算慢。1997年4月1日铁路第一次大提速之前，从上海乘直快火车到苏州，也需要1小时20分左右。

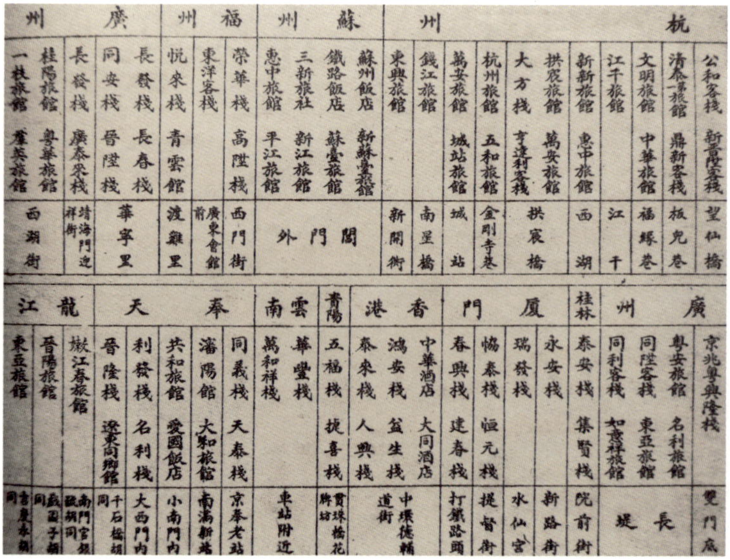

城市	旅館	地址
杭州	公和客栈、新高陞客栈	望仙橋
杭州	清泰第一旅館、鼎新客栈	板兒巷
杭州	文明旅館、中華旅館	福緣巷
杭州	江干旅館	江干
杭州	新新旅館、惠中旅館	西湖
杭州	拱宸旅館、萬安旅館、大方栈、亨達利客栈	拱宸橋
杭州	杭州旅館、五和旅館	金剛寺巷
杭州	萬安旅館、城站旅館	城站
杭州	錢江旅館	南星橋
杭州	東興旅館	新開街
蘇州	蘇州飯店、新蘇臺旅館、鐵路飯店、蘇臺旅館、三新旅社、新江旅館、惠中旅館、平江旅館	閶門外
福州	榮華栈、高陞栈	西門街
福州	東洋客栈	廣東會館前
福州	悅來栈、青雲館	渡雞里
廣州	長發栈、長春栈、同安栈、晉陞栈	華寧里
廣州	長發栈、廣泰來栈	靖海門迎祥街
廣州	桂陽旅館、粵華旅館、一枝旅館、羣英旅館	西湖街
廣州	京兆粵興隆栈	雙門底
廣州	粵安旅館、名利旅館、同陞客栈、東亞旅館、同利客栈、如意祥旅館	長堤
桂林	泰安栈、集賢栈	院前街
厦門	永安栈	新路街
厦門	瑞發栈	水仙宮
厦門	協泰栈、恒元栈	提督街
厦門	春興栈、建春栈	打鐵路頭
香港	中華酒店、大同酒店、鴻安栈、益生栈、泰來栈、人興栈	中環德輔道街
貴陽	五福栈、捷喜栈	貫珠橋花牌坊
雲南	華豐栈、萬和祥栈	東站附近
奉天	同義栈、天泰栈	京奉老站
奉天	瀋陽館、大和旅館	南滿新站
奉天	共和旅館、愛國飯店	小南門內
奉天	利發栈、名利栈	大西門內
奉天	晉隆栈、遼東同鄉館	千石橋胡同
龍江	嫩江春旅館	南門官銀號胡同
龍江	晉陽旅館	戲園子胡同
龍江	東亞旅館	[illegible]胡同

左：1926年出版的《日用快览》 右：《日用快览》上介绍有 8家苏州旅馆 作者 / 提供

游客青睐阊门外

交通便捷，加上苏州又是一个名胜众多的美食城市，自然就吸引来无数外地客。所以，在《日用快览》中，介绍苏州吃、住、游、娱方面的内容，占了不少篇幅。

住宿是外地客来苏首先要解决的问题。《日用快览》中的“各埠旅馆地址”列出的苏州旅馆共有8家，分别是苏州饭店、铁路饭店、苏台旅馆、新苏台旅馆、新江旅馆、惠中旅馆、平江旅馆和三新旅社。这些旅馆全部开设在阊门外。

为何《日用快览》里独独介绍被称为苏州“城外头”的阊门外一带的旅馆呢？那是因为，阊门外自古以来就一直扮演着苏州“城市副中心”的角色，是苏州城外的第一繁华之地。

汽车、火车出现前，人们的交通出行和运输方式只有两种：一是靠车马行陆路，二是靠舟船走水路。相对而言，水运的装载量大，运输成本低，故多数货物都是走水运的。苏州河湖港汊密布，水路发达，著名的京杭大运河又倚城而过，南来北往的商贾们途经苏州，最方便的歇脚点便是阊门。所以，距京杭大运河最近，又紧挨着环城河的阊门一带就兴盛了起来。店铺、商号、客栈、酒肆、茶楼、戏馆一家挨着一家，一点也不逊色于观前闹市。

清光绪三十四年（1908），沪宁铁路建成通车，苏州多了一个进出的选择。但在1928年2月6日“颜料大王”贝润生捐资所建的平门“梅村桥”落成之前，自火车站到苏州城内，必须沿大马路从阊门绕行。由于阊门外一带是当时距火车站最近的热闹之地，离留园、西园、虎丘、寒山寺等园林名胜都比较近，出脚方便，所以，许多外地来苏客都喜欢在阊门外一带投宿。这也是许多旅馆都集中开设在阊门外一带的重要因素。

那时候，阊门外一带的旅馆都是些比较有档次的“新式旅馆”。客房内的床、桌椅等以西式的为多，有的则配有红木家具。客房内大多有电话、电扇、取暖炉，有的还装了电铃。客人可以直接按电铃召唤伙计。铁路饭店和苏州饭店里还开设了西菜馆，颇受外国人和上海、广州、哈尔滨等地的旅客青睐。

吃喝玩乐花样多

园林名胜是苏州的一张名片。“名胜古迹志”条目中，介绍了虎丘、天平山、观音山、灵岩山、上方山、七子山、狮子山、拙政园、沧浪亭、留园、西园、怡园、玄妙观、北寺塔、瑞光塔、双塔、

民国时期的苏台旅馆 杜祯彬 / 提供

左：民国时期的虎丘　右：民国时期平门外梅村桥　杜祯彬 / 提供

道山亭、白塔、钟楼共19处苏州名胜和景点。比如在“虎丘”子条目下，就有这样一段文字介绍：“有剑池为吴王阖闾墓，有颜真卿题字，又有点头石、憨憨泉、千人石、五十三穿（应为“参”，笔者注）、真娘墓、五人墓诸古迹。山上有塔，数十里外可望而见。”

“饮食游乐志”条目里，汇集了茶馆、酒馆和戏馆等饮食和娱乐场所。作为一本指南性的书籍，《日用快览》里所收录的茶、酒、戏馆，应该是有一定名气和比较有代表性的。

《日用快览》里列出的 9 家苏州茶馆均在古城之内，分别是观前太监弄里的吴苑深处、玄妙观内的雅叙园和三万昌、宫巷里的桂芳阁、中市的大观楼、道前街的凤翔春、养育巷的胥苑、虹桥的中和楼、汤家巷的茂苑。其实，在阊门外一带也有好几家有名的茶馆，如鸭蛋桥附近的福安、长安、啸云天等，但《日用快览》里却没有收录。

“酒馆”一栏里，列出的苏州酒馆有22家，分别为：阊门外的久华楼和宴月楼，西中市的六宜楼，观西的丹凤楼，观东的聚丰园，阊门外鸭蛋桥的大庆楼、义昌福西号、万年青、新太和，皋桥的西锦源，东中市的金和祥，观前的松鹤楼、裕昌福、老万全和老其昌，宫巷的义昌福东号，道前街的三雅园，养育巷的泰昌福，南仓桥的复兴园，阊门马路的一品香，中市的章东明和老全城。

苏州的戏馆，在《日用快览》里只收入了两家，一家是新舞台，还有一家是民兴新剧社，均在阊门外大马路上。民兴新剧社原先是演文明戏的，但好景不长。据说1927年时，剧社就被改造成“中国电影院”了。这家电影院的旧址，后来就成了大家所熟悉的石路大众电影院。

书画情怀，生活描香 周文雍 / 绘

顾曾平 / 绘

地产中成药：吴门中医的秘密武器

文、图/嵇元

现在中药店或兼售中药的西药店，可谓琳琅满目，除了中药饮片柜还是有一排排贴着中药名的抽屉外，更多的柜台里是些包装精美的中成药。这些中成药，大多靠广告或医生介绍，由大企业批量生产，店方只管销售。但在过去的苏州，要开中药店，店老板还得要有些独门秘方，方能在市场上立住脚。

昔日风光

比如雷允上就是得到了一张六神丸方子，在那个没有抗生素的年代里，因疗效确切而得到社会广泛认同，终成全国四大国药店之一；李良济生产的断板龟片，社会也传说是一死囚犯为赎命而献出的，为该店所得，让人感到神奇而关注；王鸿翥有一药名首乌延寿丹也是非常有名，店主不嫌此药制作繁难，坚持本店自己做药，社会盛传此方传自明代名人董其昌，康熙年间流到社会上，于光绪年间为店主王庚云所得……

过去苏州人相信中医中药，治病以中医为主，因此中药店比较多，成药服用方便，也较有利润。据《苏州市志》记载，民国元年（1912），苏州已有药铺55户、祖传成方小肆14户，并已形成雷允上诵芬堂、沐泰山堂、良利堂、王鸿翥堂四大名药铺。全面抗战爆发前，苏州药铺增至89户，祖传成方小肆增至21户，雷允上诵芬堂与沐泰山堂的后坊已与门市分离，规模和设施较为齐全。

中华人民共和国成立后，苏州的中药事业得到重视和扶持。1951年，成立私营企业生产经营改造委员会，在全市84户药铺中成立配合丸散膏丹检查小组（配合，就是做药；“合”苏州话读作“葛”），实行成药登记，以监制投料和集体联制等方式保证质量。同时对苏州中成药做了调查，选其疗效佳、配合精的中成药作为保留和推广品种，形成汇编在内部公布的大约有380种。

现在的药店还是有一排排贴着中药名的抽屉 于祥 / 摄

通过调查和整理发现，苏州的中成药不仅数量多、品质优良、药效显著，而且有许多可称道之处。

变中求效

苏州中成药的配合精，可以说非常考究。

比如说有一中成药叫噙化丸，治肺热咽燥、咳嗽痰多。这药其他地方也有生产，古医籍记载药方多有不同。而苏州用玉露霜、百合、川贝、柿霜、茯苓、海浮石、生西月石（月石即硼砂，西指进口货）、生甘草，研磨后晒干，再研细粉。

一般来说，制丸药“炼蜜为丸”，就是生蜂蜜要经过熬炼变成熟蜜，做出的丸药不会生霉、裂开，保存期长。但苏州讲究的是，炼好的蜂蜜在泛丸时还要用薄荷煎汤炀化。薄荷有散风热、利咽喉的功效，在这味药里显然有药引的作用。而且咽燥咳嗽的人，往往有口气，恰恰薄荷有清新口气的作用。真是医者仁心，想得多么周到啊！

又如胎产金丹，药方源自清代河北医学家闵纯玺的《胎产心法》一书，原方用药20来味，几乎每味药材都要经过炮制，或火煅，或醋煮，或酒炒，颇费工夫，但也确实是中医妇科的宝药而为医家、病者所重视。苏州的胎产金丹疗效很好，美誉四传，或可说就如六神丸那样名气大，甚至被外地人当作苏州特产来购买。而此药之所以成为地产中成药中的名品，是因为此药组方经过了苏州医家的改进，不包括炮制时的辅助药，共用药30多味，差不多增加了三分之一，而且做法也有改进。而这改进的背后，不知有多少吴门医派高手提出了精辟的意见，方成妇科常用的名药。

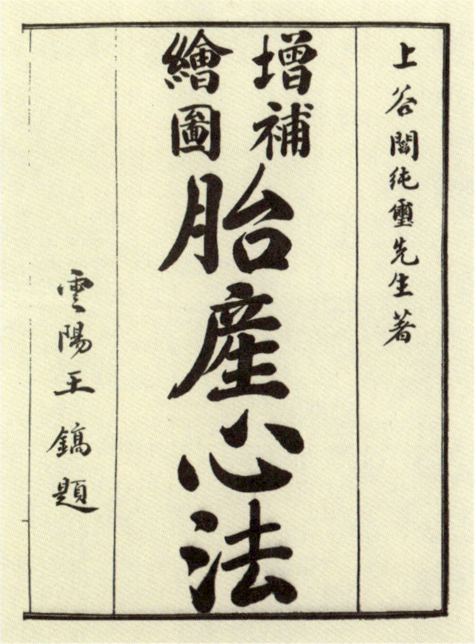
上谷閻纯璽先生著
增補繪圖
胎産心法
雲陽王鑄題

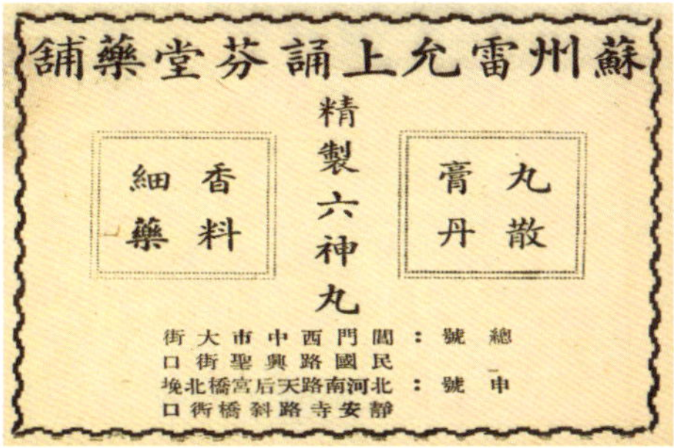
蘇州雷允上誦芬堂藥鋪
精製六神丸
丸散
膏丹
香料
細藥
總號：閶門西中市大街
民國路興聖街口
申號：北河南路天后宮橋北堍
靜安寺路斜橋街口

左上：《胎产心法》书影　左下：苏州雷允上诵芬堂药铺广告　杜祯彬 / 提供
右：中药材　于祥 / 摄

吴门医派源远流长，苏州传统中成药其实是一个护佑生命的宝库 于祥 / 摄

药露清新

苏州的中成药让人印象深刻的是体现了地产特点。比如原先清代虎丘僧人利用西洋的蒸馏方法，将中药制成各种药露。经过战乱，基本被毁的虎丘慢慢恢复，但药露却消失了。

可喜的是，苏州中药业一些店继承了药露制法。到20世纪50年代，还有金银花露、地骨皮露、鲜生地露、野蔷薇（花）露、青蒿露、杏仁露、枇杷叶露、蚕豆花露、鲜藿香露、鲜佩兰露、白荷花露、鲜佛手露、药制肺露等。在众多中成药剂型中，苏州可以单独列出“花露部”了。这类药露口感清淡、药性轻灵，没有副作用，可以在医生的指导下作治疗的辅助饮料。

妙手灵丹

苏州中成药的外科药也很有特色。苏州名医俞大祥先生于1949年前拜师系统学过中医，生前曾告诉笔者，中医外科主要是皮肤、肌肉感染等疾病，比如疔疮痈疽、乳腺炎等，外用药有一种丹类药相当有效。一因外伤导致骨髓炎、遍治无效的外地少女，家长慕名来找他。俞老拿出从新中国成立前藏到20世纪八九十年代的最后的丹药，用于治疗，最终治愈了这名少女，被奉为神医，但如果无此丹，俞老也会感觉病情棘手难治的。

所谓丹药，是指黄升丹、白降丹，都是对拔毒、去腐、提脓极有效的药。制黄升丹用水银、火硝、明矾为原料药，放小铁锅中一起徐徐熔化后取下，这一过程叫“结胎子”；再放铁锅里上盖白瓷碗，密封好后用均匀火炼至碗底上放的一角通草发黄，等冷却后揭开，研极细末即成。据说没有过高技术炼这药，稍有不慎会引起爆炸。

瓷碗揭开，上结于碗底红色者叫红升丹，下结于锅底白色者叫黄升丹。另有白降丹，基本同法炼成。

借“道”救人

汉代张良、毛公等就在苏州穹窿山、西山等处炼丹，可谓历史悠久。这类药，是道教为追求长生不老的炼丹之法，不过，医家借用道家炼丹法，将炼出的丹用于治病救人了。

丹药的药力骏猛，不可入口。新药用于伤口会引发疼痛，中医认为这是新丹药中尚有火毒所致，丹药存放时间越长，火毒越淡。据说过去中医外科医家自己炼丹，炼出的丹贮在瓷坛内密封了放在北墙根不见太阳处，让丹受阴凉和土气以“去毒”，数年后方可用于临床。

至于药店，则将熟石膏和黄升丹按比例掺和为成药出售，九份熟石膏掺一份黄升丹的叫九一丹，八比二的叫八二丹，直至各半比例的叫五五丹。用什么比例的成药，由医生决定。一般说来丹药确实疗效显著，特别是创口溃疡有脓、经久不愈合的，丹药下后，效果当天或次日即可见到。

现在的药店，中成药仍然各式各样、琳琅满目。但组方精湛、做法考究、药效奇佳的苏州传统中成药，除六神丸等少数品种外，大约九成以上的品种消失了。吴门医派源远流长，苏州传统中成药其实是一个护佑生命的宝库，如果认真开展创新研发，一定会挖掘出大量用于治疗和养生的宝贝来造福百姓的。

琴川书店插架旧书

夜访琴川书店

文、图 / 邓乾彬

深秋的一天，一个兼具历史文化与现代生活的创意活动在山塘街古戏台拉开帷幕。这个活动集文创产品、咖啡甜点、狸猫邮局、琴川书店、城市伴手礼于一体，展现出江南文化的新活力。看到琴川书店主人李彪的微信朋友圈分享，我决定拜访琴川书店。于是，天刚擦黑时我骑着小电驴从城东往城西北去。

一路穿巷走街，不经意竟路过了钮家巷景宜山馆、葑溪书店、文学山房，蔡汇河头慢书房、乐桥苏州古旧书店和老阊门城墙根南新街十方书屋。苏州自古人文渊薮，读书、著书、刻书、藏书的人特别多，因此苏州的书店自然不少，尤以明清为著。清末民初至中华人民共和国成立初期，苏州书店粗略算来约有五十余家。正是因为这一大片书店，才有了许多名流在苏州访书的经历与故事。其中，黄裳和夏淡人就在文章中多次提到过琴川书店。

夏淡人在《我开琴川书店》中对琴川书店交代得明白。常熟人夏淡人生于清寒之家，从书店学徒和店员做起，以摆书摊起步。1946年，夏淡人的书摊逐渐扩大，就借了当时怡园对门金石山房的小半间门面放了两个书架，一架售线装书，一架售平装书，这样书店才得以开业。当时，恰巧夏淡人手头有两册汲古阁张海鹏刊本抄配本《琴川志》，而其故籍常熟又有“琴川”之河，因此将店名定为琴川书店。

琴川书店明清名钞旧椠经手甚夥，是当时名流学人访书的重要书店。1956年，公私合营，琴川书店因此歇业，店主夏淡人则进入当时的江苏师范学院（后并入苏州大学）图书馆做古籍管理与修补的工作。1990年以后，民营私人书店兴起，一夜之间消失几十年的琴川书店突然出现在苏州大学西门十梓街望星桥堍，这究竟是怎么回事呢？

这里不得不介绍一下琴川书店的继任者李彪。1968年出生的李彪虽然个头很彪，但看上去却是文质书生。他祖籍江阴，父亲是高级知识分子，因工作调动才落户苏州。李彪生于苏州，高考落榜以后自考了大学中文专业，成为文学青年。当时企业改制下岗潮席卷，不少人开始摆设路边摊以谋生计，这其中就有摆书摊的。李彪也开始练摊以打发时光。

左：琴川书店创始人夏淡人老先生与弟子李彪　右：琴川书店外景素雅的招牌

那时的苏州古籍旧本货源充足。李彪开始去往上海、南京、杭州、北京等地设摊。有了这样的江湖经历，他愈感古籍版本知识欠缺，于是找到夏淡人先生拜师学艺。后来，他与苏州爱好古籍与古典文学的两个年轻友人王川、阿林一起，接过“琴川书店”的招牌，并借了夏淡人在十梓街苏州大学边上的一间门面开了一家古旧书店。再后来合伙人相继离去，他五易其址，最终把琴川书店开到了山塘街古戏台东侧。

华灯初上，阊门依旧繁华。古戏台前，一位老艺人正在台上拉着小提琴。古戏台前的码头人声鼎沸，东西厢房的墙立面上各新装了一个灯箱招牌，西面曰“七里山塘”，东面则是“琴川书店”。灯的颜色有如月色，显得格外素雅。

古戏台小边门上去东厢房二楼，便是琴川书店的所在。店堂内灯火通明，装修后的样子的确新潮时尚不少，木质楼板上加了一层地毯，踩上去有一种细腻温柔的感觉。店内李彪正在招呼顾客，而李彪的红粉佳人正在书架前理书上架。李彪见我到，打了招呼便去沏茶。

我从包里掏出几本平装本《浮生六记》递给他。之所以带《浮生六记》来，还有一个小插曲。多年以前，李彪就收藏有二十余种民国版本的《浮生六记》，被书友们戏称为“三白主人”，琴川书店因而也成为宣传《浮生六记》与江南文化的阵地。时过境迁，民国版本的《浮生六记》他都陆续转让给了喜欢《浮生六记》的书友。

虽然店内不再收藏民国版《浮生六记》，但李彪仍活跃于网络，是天涯、缘为书来、孔夫子旧书等网站赏玩线装古籍的达人。不过后来，他渐渐淡出网络江湖，全心致力于实体书店。在他看来，

左：琴川书店插架上的旧书琴谱　右：琴川书店内景

实体书店、纸质书和江南传统文化更有魅力，更值得他去守望、传承与宣扬。送他《浮生六记》，也算是我对他的一种赞许与鼓励吧，因为《浮生六记》里有着对江南文化最本真的记录。

琴川书店的插架上有不少新版的古籍琴谱，也有不少古典文学、国学书籍、艺术书籍和苏州文史地情书籍，而古本线装书略少。我知道，以前的琴川书店线装古籍是很多的。这些年，店里的许多线装书都被他以很便宜的价格卖给了相识的淘书人和学者，用他的话说“至少漏卖了五百万”。但即使如此，那种“人淡如菊”的文人作风仍然显现在李彪身上。

李彪对古籍、苏州文史典故颇为熟稔。你去琴川，若不急着买书而是和他攀谈一番，亦是十分享受的事情。琴川书店名声在外，不仅因为琴川书店的书多、品位高，更多的还是店主人的学识与待人接物的豁达。因此，很多本地人特别是校园里的文艺青年都爱去琴川淘书或者小坐，不少外地人甚至海外客也都会慕名而来。李彪说，他开的是书店，卖的却是文化。

告别琴川书店，山塘街上已是灯火阑珊。书店里仍有书客在书海中徜徉。他们在翻阅着苏州的过往，也在抚摸着江南文化那绵长的脉络……

山塘正是这样经济发达、富庶繁华、重视教育、书香洋溢的街区 于祥 / 摄

山塘街上说书院

文 / 卢 群

古时苏州的教育事业非常发达，发达到什么程度？我们请三位古人来评说。这三位苏州人一位是吴宽，一位是王鏊，还有一位是申时行。他们都是明代成化、嘉靖年间科举中的优胜者，吴宽、申时行中了状元，王鏊乡试、会试第一。他们都担任过尚书，申时行更是官至首辅。他们的政绩和口碑都不错，并且都受益于家乡的教育，所以，他们的评说应该是很确当的。

吴宽说苏州的教育“规模益壮，天下之言学者莫过之”。王鏊说：“苏学于天下为第一。”申时行说：“吴故以文字称翘楚，而学官亦巨丽甲海内。”

苏州教育的发达得益于苏州发达的经济。唐代的苏州“甲郡标天下，环封极海滨”，宋代又有了“苏杭百事繁荣，地上天宫”之说。进入明清时期，苏州的工商业更繁荣兴盛。《红楼梦》里一句“最是红尘中一二等富贵风流之地”成为苏州经济情状最好的写照。作为全国极富庶的地区，苏州教育的兴盛也就不为奇了。

而山塘正是这样经济发达、富庶繁华、重视教育、书香洋溢的街区。

书院最早出现在唐朝，但开始形成气候则是在宋代。书院由民间自行筹款，自建学舍，作为一种官学系统之外、“士大夫留意斯文”而建立的教育机构。在高度中央集权的中国古代社会，书院有相对的自治权，可以根据自己的需要研究与传播学术思想，选择教学内容、教学方式，自主进行内部管理。南宋，苏州始建书院。从宋至清，苏州历朝历代都有书院涌现。

在苏州教育史上，书院产生过重大影响，曾培养出大批学有专长的人才。书院作为中国古代特有的教育组织形式，在很多方面都不同于官办府学县学。它倡导个人钻研，以经易为主，兼学古文、制艺时文，后期又兼学历史、舆地、说文、算术、金石等。培养出来的人才一专多能，更为社会所欢迎。

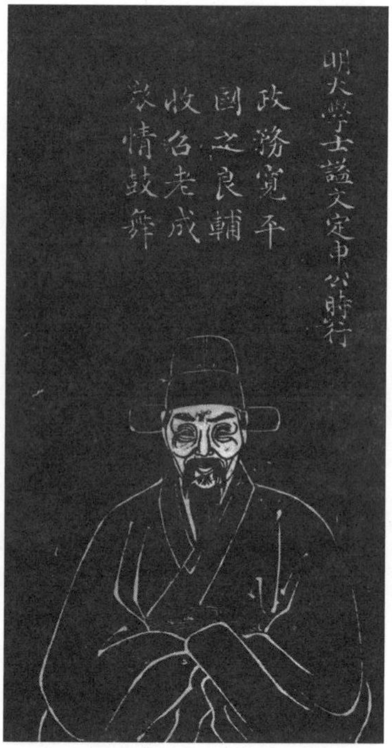

左：吴宽像 杜祯彬 / 提供 中：王鏊像 右：申时行像 汪徒 / 提供

山塘街曾存在过许多书院，计有：和靖书院、正心书院、清和书院、讲德书院、道南书院、静宁书院、查公书院、普济书院、艺云书院等。

和靖书院的创建与尹焞有关。关于尹焞，《宋史》里有这么个故事：

洛阳人尹焞年少时师事程颐，曾参加进士考试，打开试题，见上有诛杀元祐党人的议题，便叹口气说："唉，凭借这个就可以求得俸禄吗？"没答题就走出了考棚。并向程颐表示："我不再参加进士考试了。"尹焞回去禀告他的母亲，母亲说："我指望你安分守己来赡养我，但不指望你当官用俸禄来孝顺我。"从此，尹焞终生不再参加科举考试。程颐死后，尹焞继承老师的衣钵，在洛阳聚徒讲学，士大夫们都很推崇仰慕他。

靖康元年（1126），宋钦宗将尹焞召到京城，赐号为和靖处士，但并未留下他。第二年，金兵攻陷洛阳，尹焞家人被害，他却侥幸活了下来。后来他多次称病婉拒入仕，直到宋高宗下诏让他做秘书郎兼说书，才不得不入朝就职。后来他曾上疏，希望宋高宗励精图治、进用君子、罢黜小人，并给秦桧写信，但都如泥牛入海。于是他坚决辞却了新的任命，于绍兴十二年（1142）去世。

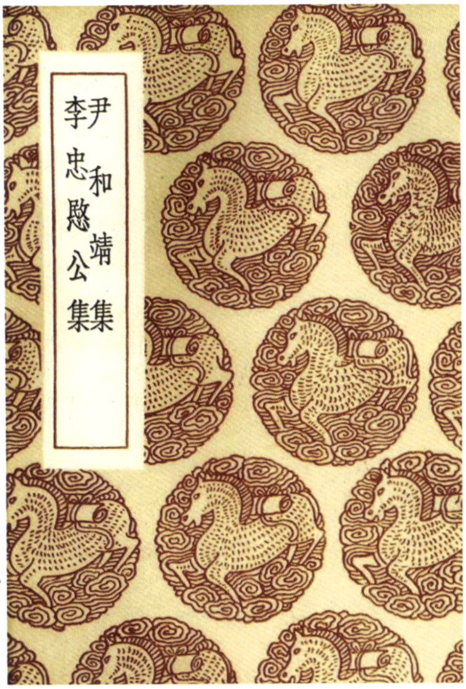

左：尹焞像 汪徒 / 提供 右：《尹和靖集》书影 杜祯彬 / 提供

尹焞是著名哲学家，著有《论语孟子解》。他辞官退隐，一度寓居苏州，常在山塘街西首的松林山石旁静心读书，后人称之为“和靖读书台”，并立祠纪念。将近百年后，其地辟为书院，名为“和靖书院”。

和靖书院自筹经费，建有三省、务本、时习、朋来四个书斋。并采取“立祠建室以舍学者，买田收谷以食之”。教学采取自学为主、共同讲习和教师指导相结合的形式，宗旨是教育、培养人的学问和德性，不为应试获取功名。

苏州历史上先后有十八所书院较有名，这十八所书院是：

南宋端平元年（1234）曹豳创建于虎丘云岩寺西的和靖书院，咸淳五年（1269）黄镛创建于长洲县学南的学道书院，元至顺元年（1330）魏起创建于南宫坊的鹤山书院，至顺年间钱光弼创建于长洲县学东的甫里书院，至正六年（1346）赵丞僖创建于吴县治东北的文正书院，明嘉靖二年（1523）胡缵宗创建于西市坊的金乡书院，嘉靖年间方鹏创建于浒墅关的文正书院，明代徐缙创建于西城桥北的碧山书院，毛珵创建于天池山的天池书院，佚名者创建于黄鹂坊桥的道南书院，佚名者创

虎丘的和靖读书台旧址 杜祯彬 / 提供

建于广济桥南的齐隐书院，清康熙五十二年（1713）张伯行创建于府学内尊经阁的紫阳书院，乾隆二十七年（1762）李永书创建于乘鲤坊（今因果巷）的平江书院，乾隆四十九年（1784）陆肇域创建于虎丘山下塘的甫里书院，嘉庆十一年（1805）铁保创建于沧浪亭北的正谊书院，嘉庆二十一年（1816）罗琦创建于洞庭东山的太湖书院，道光十三年（1833）豫广创建于浒墅关的锦峰书院，光绪十四年（1888）黄彭年创建于沧浪亭北正谊书院右的学古堂。

这十八所名书院，山塘占了两所，而且，和靖书院是十八所名书院中开建最早的，起了领一代风气的作用。由此更可以看到，山塘是苏州地区重视教育这一优秀传统的重要基地之一。

《礼记·学记》有云："化民成俗，其必由学……建国君民，教育为先。"教育的功效既然这么巨大，山塘街上的书院就不应当被遗忘。真希望在和靖书院的旧址上能竖块石碑，供今人瞻仰、后人缅怀。